No Bad Kids

Toddler Discipline Without Shame

有边界,才自由

如何养育自信又自律的孩子

[美]珍妮特·兰斯伯里 著 王正林 译
(Janet Lansbury)

机械工业出版社
CHINA MACHINE PRESS

图书在版编目（CIP）数据

有边界，才自由：如何养育自信又自律的孩子 /（美）珍妮特·兰斯伯里（Janet Lansbury）著；王正林译 . —北京：机械工业出版社，2017.9（2025.6 重印）
书名原文：No Bad Kids: Toddler Discipline Without Shame

ISBN 978-7-111-57828-4

I. 有… II. ① 珍… ② 王… III. 家庭教育 IV. G78

中国版本图书馆 CIP 数据核字（2017）第 207394 号

北京市版权局著作权合同登记 图字：01-2017-2730 号。

Janet Lansbury. No Bad Kids: Toddler Discipline Without Shame.

Copyright © 2014 by Janet Lansbury.

Chinese (Simplified Characters only) Trade Paperback Copyright © 2017 by China Machine Press.

This edition arranged with JLML Press through Big Apple Tuttle-Mori Agency, Inc. This edition is authorized for sale in the Chinese mainland (excluding Hong Kong SAR, Macao SAR and Taiwan).

有边界，才自由：如何养育自信又自律的孩子

出版发行：机械工业出版社（北京市西城区百万庄大街 22 号 邮政编码：100037）

责任编辑：朱婧琬　　　　　　　　　　　　　责任校对：殷 虹
印　　刷：固安县铭成印刷有限公司　　　　　版　　次：2025 年 6 月第 1 版第 12 次印刷
开　　本：165mm×205mm　1/20　　　　　　印　　张：9⅗
书　　号：ISBN 978-7-111-57828-4　　　　　定　　价：59.00 元

客服电话：(010) 88361066　68326294

序

　　说到管教孩子，不同的专家为父母们提出了各种各样的建议，这些建议可能十分复杂、相互冲突，有的还不可能照着去做。父母应不应该打孩子屁股，或者收买、奖励、忽视、重视他们，抑或对他们进行隔离？温和的管教是不是意味着让孩子自己做主？父母该不该运用威胁、分散注意力、游戏、图表、计时器、"数到三"或者是完美的"那看起来像……"等方法和工具？

　　难怪众多父母倍感困惑、失败和麻木。难怪他们发现自己在管教孩子这个问题上失去信心，并且通常控制不了自己的脾气。

　　其实不必那样的。

　　在管教孩子这个问题上，我和大多数出色的儿童发展顾问的做法不同。多年来，我举办了一些针对父母/学步期儿童的培训班，着力将理论付诸实践。我上千次见过父母对孩子采用各种各样的干预和回应方法，它们有的管用，有的从来都不奏效，还有的虽然管用过一两次，最终却造成孩子与父母之间越发对抗，或者破坏了双方信任。

学步期儿童尤其倾向于挑战界限。这是他们作为主动学习者和探索者的一项本能，也符合他们的成长趋势。他们在奋力争取更大自主权的同时，自然而然地表露出各种强烈的情绪。成功引领孩子，可以为他们带来茁壮成长所需要的安全感和慰藉。我们确立的界限奏效时，孩子不需要经常挑战它们。他们信任父母和照顾者，因而信任他们身边的整个世界。他们觉得更加自由、更加平和，可以把注意力集中在一些重要的事情上，比如玩耍、学习、和他人交往、做个既快乐又幸运的孩子。

在确立界限时，父母的情绪状态几乎总是预示着孩子的反应。如果我们没能明确地确立界限并且缺乏信心、大发脾气或者感到不确定、紧张、疲惫、失败等，将使孩子心神不宁，很可能致使他们表现出更多我们不期望的行为。在孩子们眼里，我们是神，我们的感觉总能为他们的行为确定基调。有了这样的理解，我们不难发现，为什么在管教孩子方面的痛苦挣扎可能变成一个令人气馁的恶性循环。

正如本书所指的那样，在我的世界里，没有哪个孩子是坏孩子，只有一些易受影响、内心冲突的年幼孩子，他们在努力地应对情绪与冲动，试图以他们知道的唯一方式来表达自己的感觉与需要。我们由于他们的行为感到失败、困惑和不愉快，进而将他们描绘为坏孩子，这对他们是一种极大的虐待。"坏孩子"是负面标签和耻辱感的来源，到最后，被贴上了这个标签的孩子，可能开始相信自己就是坏孩子。

　　我的育儿理念以及我对孩子和父母与孩子关系的感知，全都是从玛格达·格伯（Magda Gerber）教给我的知识与经验中获得的启示，她是我的朋友和导师，也是一位国际著名的早教专家。作为一位母亲，我通过玛格达本人以及她创办的婴幼儿资源中心，清楚地了解并发展了一种尊重的、有成就的、高效的育儿方法，然后，我扮演了老师和作家的角色，将这些方法与数百万人进行了分享。

　　婴幼儿资源中心育儿方法的核心，是一个基本的概念：

　　　　婴儿是完整的人，是有感情的、有意识的、直觉敏锐的、喜欢说话的人。他们是天生的学习者、探索者、科学家，能够测试各种假设，解决各类问题，理解语言及抽象的观点。

　　婴幼儿的这些令人惊讶的能力，得到了临床的与科学的研究发现和已公开发表的研究成果确认，[1]而玛格达·格伯早在半个世纪前就已经辨别了他们身上的这些能力，只是人们认为的那种传统育儿智慧，并没有确认这些能力。

　　然而，我们在对待婴幼儿和学步期儿童时，经常依然觉得他们似乎一片茫然、没有意识、无法理解我们，或者无法和我们交流。相反，

---

[1]　Gopnik, Alison. (July, 2010). How Babies Think. *Scientific American*, 76-81.

我们可能期望孩子们具有一定的成熟度和情绪控制能力来做大人才能做的事情（比如一整个下午都在商场里逛），但事实上，他们尚未发育到拥有那些能力的程度。这种不准确的感知，可能导致父母在育儿方面徒劳无功，尤其是涉及管教问题时。

最后，成功管教孩子的最大秘诀是摒弃那些充当权宜之计的小诡计、小花招以及其他各种操纵技巧，转而对婴幼儿和学步期儿童诚实以待。（多么简单的概念！）这是婴幼儿资源中心所教的对孩子最基本的尊重，我们要在实践中保持这种尊重。

本书收集了我的一些文章，涉及的主题包括常见的学步期儿童的行为，以及怎样运用尊重孩子的育儿实践使孩子和父母双方都受益。它阐述了惩戒、配合、界限、试探、孩子发脾气和打人等很多常见的主题。

许多家长经常写信给我，向我提出管教孩子的一些问题与担忧，他们的信任令我感到非常荣幸。充满爱意、深思熟虑的父母只想知道，怎样给孩子确立健康的界限并赢得他们的配合。许多父母在这些方面智穷力竭、不知所措，急于求得答案。

另一些信件通常是从我的日常工作中精选出来的，讲述了个别父母的成功故事，这些故事描述了学步期儿童的困境，以及父母如何将尊重孩子的育儿原则付诸实践来走出这种困境。我在本书中介绍了几封这样的信，因为它们不但富于启示、关联性强，而且鼓舞人心。另外我还附上了自己对这些父母的回信。

身为父母，我们将来或者现在必定会经历孩子学步的关键时期，在这个发育过程期间，孩子一定会挑战我们的耐心与爱的界限，我希望本书能够成为父母们的实用工具。父母掌握了书中的这些知识，并且能够更好地透过孩子的眼睛来感受这个世界，那么，这段不确定的时期便能为培育父母与孩子之间牢不可破的信任、尊重和爱带来大量机会。

No Bad Kids

目　录

第 1 章

以不让孩子羞耻的方式管教好他

　　幼儿的行为出格并不可耻，他的举止不当也不需要惩罚。这是一种引起大人注意的哭闹，因为想睡觉而突然的大叫或者是一种让家长更加坚定不移且始终如一地确定界限的呼吁。这也是你的孩子正在测试他迅速形成和发展的独立性。他有着不可阻挡的冲动越过界限，同时也急切地需要知道，大人们在安全地控制着他。

　　毫无疑问，孩子需要管教。玛格达·格伯曾说："缺乏管教并不是和蔼，而是忽视。"健康和有效的管教，关键在于我们的态度。

　　幼儿学步期是培养育儿技能的绝佳时期，良好的育儿技能将使孩子与我们建立起忠诚、直接和富有同情心的关系，这是他们在未来数十年人生道路上的依靠。以下是一些指导原则。

1. 首先构建可预测的环境和切合实际的期望。可预测的日常生活使孩子能够预料大人希望他们做些什么。这是管教的第一步。家通常是婴儿和学步期儿童开展大部分日常活动的理想场所。当然，我们有时候也必须带他们去办一些事情，但不可能指望学步期儿童在聚会晚宴上始终中规中矩或者陪我们在大商场里逛整整一个下午，也不能用各种预定的活动把他的日程安排得满满当当。

2. 不要害怕孩子的不当行为，或者以为只有自己的孩子才有这些行为。婴幼儿在我的课堂上时，父母通常担心他们可能顽劣不堪、欺负弱小、逞强好斗。父母在透露那些担心时，可能导致孩子将负面的角色内化于心，或者至少注意到父母的这种紧张，而这常常加剧了那些不当行为。

我们不要给孩子的行为"贴"上某种标签，相反，要学会平静地制止不当行为的出现，从而在萌芽期就开始遏制这类行为。如果孩子把皮球扔到了你的脸上，试着压制你的怒火。他并非由于不喜欢你而那么做，同时，他也不是坏孩子。他是在以学步期儿童的方式询问你，他需要在怎样的界限中活动，而在此之前，他还不知道这样的界限。

3. 像公司里的 CEO 那样迅速而平静地予以响应。寻找合适的语气来设定界限，可能需要进行一些练习。不久前，我一直鼓励在这方面犯难的父母把自己想象成一位成功的 CEO，把孩子想象为一位受到尊重的下属。CEO往往颇有自信地引领和领导着公司员工，不会采用不确定和有疑问的口吻，也不会变得雷霆震怒或者极度情绪化。我们得让孩子感到，我们对他的行为并不紧张，在规则的制定上也不会自相矛盾。当我们毫不费力地掌控着局面时，他会找到安慰。

责备、情绪化的响应、痛骂和惩罚等，无法让学步期儿童清楚地知道自己错在哪里，并且可能给他们制造愧疚感和羞耻感。简洁明了、就事论事地告诉他们："我不让你那么做。如果你再扔，我要把它拿走。"同时要阻止那一行为，才是最佳的反应。但要马上做出反应。一旦时机已过，便只能等待下一次机会了。

4. 用第一人称交谈。父母通常习惯于称他们自己为"妈咪"或"爹地"。儿童的学步期是父母为坦诚直接的交流而改为第一人称的好时机。学步期儿童会试探着触碰界限，以便澄清规则。当我说"妈咪不想艾玛打狗狗"的时候，便不是在与孩子进行直接的交流（即"你"和"我"之间的交流），而这种直接的交流是他需要的。

5. 不要采用隔离（time-out）。我总想着玛格达用她那慈祥的匈牙利口音询问："时间用什么做成？用生命做成吗？"⊖玛格达坚信，父母与孩子之间的交流需要运用简明和坦率的语言。她不相信隔离之类的花招，尤其是用来控制孩子的行为或者惩罚他。

如果孩子在公众场合表现了不端行为，那通常表示他累了、缺

⊖ 英语中 time-out 指的是父母对顽皮孩子进行的隔离，但 out of 有"用……做成"的意思，因此，当玛格达听到 time-out 一词时，便好奇地问："Time out of what?"（时间用什么做成？）——译者注

乏控制，需要离开此地。带孩子上车回家，是处理这个问题的一种敏感和尊重的方式，哪怕孩子正在踢打和哭闹。有时候，孩子在家也发脾气，把他带到自己的房间，用连枷抽打一顿，让他在我们面前哭一场，直到他能够重新自我控制才行。这些并不是惩罚，而是关怀的反应。

6. 后果。婴幼儿只有在亲身体会到自己行为导致的自然后果而不是与之没有关联的惩罚（比如隔离）时，才最容易服从管教。如果孩子乱扔食物，那他吃东西的时间也到此结束。如果孩子拒绝穿衣服，那今天就不去公园玩了。为人父母的这些反应，会让孩子产生公平的感觉。孩子可能仍会对这个后果给出消极的反应，但不会觉得受人摆布或感到羞耻。

7. 不要由于哭闹而管教孩子。孩子需要我们制定一些针对行为的规则，但当他们对这些规则和界限（或者，其实是对其他任何事情）产生了情绪化的反应时，我们还应当允许甚至鼓励他们的反应。儿童的学步期可能是一段紧张时期，充满了冲突的感觉。孩子需要表达愤怒、失败、困惑、倦怠及失望，尤其是因为我们设定了某条限制，让他们得不到自己想要的东西时。我们要让孩子能够自由地表达他的这种感觉，不对他的表达做出主观评判。有时，他也许想要手里有个枕头来捶打几下，以发泄一番。给他一个吧。

8. 无条件的爱。将收回我们的感情作为一种管教形式，会让孩子以为我们的爱与支持是有条件的，而有条件的爱将由于他短时间表现出来的不当行为而消失。这怎么能在孩子心中培育起安全感呢？阿尔菲·科恩（Alfie Kohn）曾在《纽约时报》上写了一篇题为《当父母说"我爱你"意味着"按我说的做"时》（*When A Parent's "I Love You" Means "Do As I Say"*）的文章，文章揭示了这种有条件的爱的育儿方法的种种害处，并且指出，孩子会因此变得怨恨、不信任和不喜欢父母，感到愧疚、羞耻和缺少自我价值。

9. 永远不要打屁股。对父母与孩子之间的信任关系最有害的是打屁股。打屁股是其他暴力行为的预示信号。爱丽丝·帕克（Alice Park）在《时代周刊》上撰文指出（题为 *The Long-Term Effects of Spanking*，《打屁股的长期影响》），最近一项研究发现，"一些最确切的证据证明，孩子在短期内对打屁股行为的反应，可能在更长时间内表现得更加激烈。在参与研究的近 2500 名小孩中，3 岁前更加频繁地被父母打屁股的孩子，到 5 岁时可能比其他孩子更具侵略性。"

我们不可能用爱来故意地使孩子遭受痛苦。然而令人悲伤的是，孩子通常学会了将两者联系起来。

* * *

爱孩子，并不意味着时时刻刻都让他高兴，并且一味地避免和他对着干。我们通常感觉最难做到的是：对他说"不"，并真正地意味着拒绝。

孩子值得我们采用直接而坦诚的反应，以便他们可以将是非观念内化于心，形成真诚的自律，这是尊重他人和被他人尊重所需要的。正如玛格达在《亲爱的家长：带着尊重来照管婴儿》（*Dear Parent: Caring for Infants With Respect*）中所写的那样："（育儿的）目标是（让孩子）内心的自律、自信和快乐通过配合家长的行为表现出来。"

第 **2** 章

学步期儿童为何挑战界限

　　即使是最能理解孩子的父母或监护人也可能搞不懂孩子挑战界限的行为。为什么我们刚刚要宝贝女儿别乱扔玩具，她却反而朝我们扔了过来，然后还傻傻地一笑，让我们感到受伤害之后还被侮辱？她很邪恶吗？她难道有迫切的需要来练习抛物技能？也许她只是恨我们……

　　敏感、强烈的情绪化、严重缺乏冲动控制等，是学步期儿童通常表达他们的需要和感觉的一些不寻常的方法。如果说稍稍让我们感到安慰的话，那就是，这些行为其实对我们的孩子也没有意义（也就是说，我们的孩子无心这样做）。简单的解释是，尚未发育成熟的前额叶皮层与学步期混乱的情绪不幸地结合了起来。更简单地讲，一旦孩子遇到他们无法掌控的更强大和更强烈的冲动，就会容易变得不知所措。

换句话说，你的孩子很可能懂得，你不希望她打你，打她的朋友、兄弟姐妹和宠物；不希望她把食物或水倒在地上；不希望她抱怨、尖叫、喊你"笨蛋"；但她内心的冲动使她做出了不同的选择。通过她事后的傻笑，你会发现，这并非出于邪恶的意图。

规则：绝不要以为只有你的孩子才会挑战界限。

我们的孩子爱我们、欣赏我们、需要我们，而且比他们对我们表达的更强烈。每天不断提醒自己，要记得这些事实，直到你真正在内心记住了为止，这是因为，从健康的视角来观察孩子挑战界限的行为，是至关重要的起点。

尊重孩子意味着理解他们的成长阶段，并且把他们当成我们的伙伴来对待，不对符合他们年龄阶段的行为做出反应。

以下是小孩子挑战界限的一些最常见原因。

1. 救救我！我出现问题了。 年幼的孩子似乎永远不知道疲惫或饥饿。他们仿佛是一个个编好了的程序，能够一直不停地运转下去，他们的身体有时会抢在他们的意识之前，通过一些行为引起我们的注意，向我们发出"紧急求救"信号。

一想到自己孩子挑战界限的行为，下面这几个例子立马在我的脑海中浮现，它们充分证明了孩子已经疲劳。

有一天，在婴幼儿资源中心的一堂课上，我那蹒跚学步的儿子（他似乎总是精于社交）突然开始胡乱打闹起来。啊——哈。原来他是累了，在这里待够了、待烦了。我让他知道我已经听到他打哈欠了，并且我们马上就会回家，便对他说："我不想你在这里打闹。我觉得你是在让我知道你累了，打算回家了，对不对？"

但过了一会儿，我又和别的家长攀谈起来，忘了要马上带他回家这件事，可以想象，他又开始打闹起来。哎呀！完全是我的错。我立即对他说："宝贝，对不起，我说过我们马上就要回家的，然后却和别人聊了起来。谢谢你提醒，我们得走了。"

还有一次，在全家旅行途中，我的当时四岁的女儿突然一反常态，粗鲁地对待她的外婆。我感到大吃一惊（她怎么会这样），但决定依然保持镇静，打断她说："我不让你那样跟外婆说话……我们得走开。"我把她拉出房间，别人只听到一阵尖叫（尖叫的是我女儿，尽管我也很想发泄）。我把她带到一个没人的地方，让她可以安全地在我面前哭泣一阵，问清原因之后，我震惊了——原来，我们已经连续旅行了六七个小时。她当然已筋疲力尽了，只是在以一个四岁孩子的方式让我知道她不想再动了。呃……又是我的错。

我记不清有多少次，我的孩子们的行为一下子变得恶劣起来，其原因是他们 20 分钟之前刚吃过东西，突然之间又感到饿了。而到事后，他们不可避免地会说，"我那时候不饿"，这让我们感到他们没有说实话，这有些不公平。显然，说到爱、争斗以及学步期儿童时，所有这些都是公平的。

2. **请说清楚**。孩子挑战我们的界限，通常仅仅是由于他们没有听到一个直接的答案来回答他们心头的这个疑问："如果我如此这般，你会怎么做？"然后，他们可能需要知道"星期一下午会不会有所不同？你累了的时候又会怎样？或者，如果我发起脾气了呢？假如我生气了，你会不会区别对待？"

因此，学步期儿童持续不断地挑战界限，只是在做他自己的事：了解我们大人的引领能力（以及我们的爱）、看清我们的期望以及我们制定的家规，并且了解他自己的力量潜藏在什么地方。而我们要做的是，尽可能镇静自若和直截了当地回答。我们怎样响应，取决于当时的情况，但应当让他们持续地感受到，我们完全不受他们行为的威胁，完全能够应付得来，那根本就不是一件什么大事。

3. **为什么大吵大闹**？当父母不再冷静、当面训斥、无法控制，甚至围绕一些挑战界限的行为稍稍说多了一点儿时，可能一手制造了一场有意思的小戏剧，而对这样的小戏剧，孩子有着强烈的愿望重演一次。惩罚和情绪化的反应则构成了令人惊恐、使人担忧、令人羞耻、引发内疚感的故事，甚至是这几个方面兼有的故事。

当父母围绕孩子挑战界限的行为多说了一两句时，尽管自己依然能够保持平静，但很可能让孩子理解为正在讲述一个关于问题孩子的故事，比如也许他过于用力地抱了一下自己的妹妹，接下来，孩子会把这些当成他自己的故事和问题，但实际上，他只是偶尔有那么几次冲动的、瞬间的行为。

例如，我历数了女儿对外婆说话粗野的例子，结果发现，它们都非常清晰地表明女儿当时不能控制住自己，正处在崩溃之中，而如果有一丁点粗鲁是冲着我来的话，我的反应可能会轻描淡写得多。我不会对她偶尔的牢骚、高声说"你个笨蛋""我恨你"等这些行为做出反应，并当成一个故事来讲，而是使它们慢慢地从我这里消除影响，从而使之在我这里失去影响力。

也许我会承认她的感受："我听到了你对离开公园有多么生气。那真的让你感到失望。"

要始终鼓励你的孩子表达出这些感觉。

另外，孩子用这些行为时不时地试探我们，是与他们的年龄相吻合的，如果我们做出反应，可能在怂恿孩子继续试探我们的界限。

有时候，当孩子知道他们在重演某个故事时，他们会微笑或者大笑，但通常是不安的、紧张的微笑，而不是幸福的微笑。

4. 我是不是拥有一位能胜任的引领者？想象一下，我们自己就是两岁、三岁或者四岁的孩子，如果我们不确定自己拥有一位可靠的引领者，会怎样？最高效的引领者会满怀自信地引领他人、保持幽默感，看上去令人感到轻松。这要通过练习才行，但别担心，孩子们会给我们大量的机会来练习，多次表现出挑战界限的行为，直到我们最终能够正确面对为止。正如玛格达建议的那样。

> 了解对你和孩子来说什么是重要的。如果你自己不清楚，孩子的反对将继续下去，使得身为父母的你甚至更加生气。这反过来又突显了你和孩子之间业已存在的冲突，导致出现夹杂着愤怒、内疚和害怕情绪的不愉快局面。和采用双重标准的父母在一起生活的孩子，成长会很艰难。
>
> ——玛格达·格伯《亲爱的家长：带着尊重来照管婴儿》

5.我有一种感觉。有时候，当孩子将感觉放在心里，而且内心有一种需要释放出来的压力时，他们会反复挑战父母设置的界限。信任这个宝贵的过程，并且平静地（但要坚定地）守住这些界限，同时也欢迎孩子对它们产生的感觉，是应对孩子挑战界限最迅速和最健康的方法（详情和示例将在第20章中介绍）。保持一种"允许产生各种感觉"的态度，将把大部分挑战界限的行为消灭在萌芽状态。

6.最真诚的奉承（某种程度上）。孩子们生来敏感且容易感动，而我们是他们最有影响力的榜样，因此，他们将专注地观察我们的行为，并通过自己的行为表现出来。例如，如果我们从孩子手里抢走玩具，她可能持续不断地从朋友手里抢玩具。假如我们对某些事情感到生气或者焦虑，特别是没有公开地表露这些感觉，那么孩子的行为可能更加反复无常。

7. 这似乎是这些日子里赢得你关注的最好办法。如果我们对孩子的关注给他们带去的安慰与确认一直不够，或者假如孩子挑战界限的行为已经被我们描述成一些引人关注的小故事，那么到最后，她可能会重复那些行为，以追求这种负面的关注。

8. 你最近告诉过我你爱我吗？当孩子感到被忽视甚至有一点点脱离我们的关注焦点时，他们会感到紧张，于是将害怕的情绪体现在挑战界限的行为中。安慰地拥抱、亲吻以及说一句"我爱你"，一定有助于消除他们的紧张，但是只有通过我们的耐心、同理心、接受、尊重的引领，以及我们在了解孩子过程中投入真诚的兴趣，孩子才最有可能接收到我们发出的爱的讯号。

第 **3** 章

和学步期儿童交谈

谈到学步期儿童，我们仿佛觉得他们本身就是一种与我们不同的物种。事实上，当我们和他们处在角力最激烈的时候，也就是试探、情绪波动以及突然崩溃（无论是我们还是他们）的时候，我们可能感觉自己到了一个完全陌生的地方。

别害怕！学步儿童只是心绪不宁的小孩而已，由于急速成长，容易产生不平衡；容易对自己新的能力和成绩感到兴奋，但也常常由于自己仍然不能做和不能说的一切而倍感失败。

以下是一些简单的沟通调整方法，运用它们，我们可以帮助孩子减轻那种失败感并培养信任感。

1. **正常地说话**。孩子想学我们说话。避免婴儿般的讲话，也不要说长句子，你需要向孩子示范你希望他一开始就正确运用的那种语言。这对我们来说，也感觉更加尊重、更加自然。说短句子、放慢语速，并且每说完一个句子便暂停一下，使婴幼儿或学步儿童有时间理解我们所说的话，所有这些方法，可以最大限度地使孩子听明白我们的话。

有位受欢迎的专家建议你模仿尼安德特人的那种"猿人说话"来亲近孩子，也就是说，对孩子说话时用高人一等的口气，仿佛他在心理上仍然存在缺陷。这位专家认为，这是让孩子理解我们的唯一方式。我建议，别听他的。

设想你到了某个国家，勇敢地尝试着说那个国家的语言，然后，别人模仿你那蹩脚的语言来嘲笑你。你会不会和他争论起来，并且针锋相对地模仿他那种洋泾浜英语⊖？学步期儿童长期以来全神贯注于倾听我们的语言，他们理解我们所说的话很多，能够表达出来的却很少。

2. **把否定变成肯定**。在最近一期的父母 / 学步期儿童的班级上，肯德拉问我，她和丈夫在交谈时，经常被自家 19 个月大的精力旺盛的女儿奥德丽打断，不知道该怎么做。她说，她跟女儿说了不要打搅，但根本不管用。我建议她这么跟女儿说："奥德丽，我听到了你在让我关注你。这样，等爸爸和我聊完了之后，

⊖　指英语与其他语言混杂形成的语言。——译者注

我会听你一个人讲，好吗？请给我们五分钟时间。"（然后要说到做到。）

这种方法会不会在任何情况下都管用呢？也许不会。当我们很忙的时候，孩子似乎希望我们把注意力全都集中在他身上。但让学步期儿童感到我们听进了他的话，而不是任何时候都对他说"不"和"不要"，尊重他内心渴望你给他留面子的需要，将使他有更大的可能听我们的话。

同样，告诉孩子"我希望你安安静静地坐在我的大腿上"，而不是说"别在我身上蹦来跳去"，似乎可以缓解孩子去试探一下的渴望。孩子们理解肯定的指导，往往不理睬或抗拒"不"和"不要"之类的词。最好是把那些词留在紧急情况下说。

3. 真正的选择。给学步期儿童一个类似这样的选择："你是打算把这件玩具收在书架上，还是收在箱子里？"可以将他负面的感知（必须把玩具收起来）转变成正面的感知（可以选择收在什么地方）。或者，我们可以说："我看到你还在玩。我是现在给你换尿布呢，还是在五分钟之内换？"

通常，学步期儿童只需要在两个选项中做出决定就行了，但要注意，要使摆在他面前的问题很容易回答。类似"我们应该在哪里吃饭"或者"你今天穿什么衣服"这样的问题对他们来说太大了，他们可能感到不知所措、一片茫然。注意，不要给他们一些虚假的选择，比如"你想去玛丽阿姨⊖家吗？"那我们肯定听到孩子回答"不！"感到脸上被别人扔了一个鸡蛋那么丢人。

4. 首先，承认。 承认婴儿或学步期儿童的观点，可能会出人意料得平静，因为这给他带来了他急需的东西——被理解的感觉。简单地承认孩子的困难，"你难以把这些鞋子摆整齐。你真的已经努力了"，可以给他以鼓励，这是他在失败后继续前行所需要的。

要留意的是，别去假设孩子的感觉，比如"你怕狗"；或者不要由于我们认为孩子对某件事情的反应只是一种过度反应而认定它无效（或没有价值、大惊小怪），比如"那只是一只小狗。不会咬你的。"最安全的方法是，只表达我们确切知道的。比如"你看起来很烦那只狗。要我扶你起来吗？"

首先确认那些因素：它们减小了孩子对遵守我们指令的抗拒。"你想在外面多玩一会儿，但现在是时候进屋了。我知道，当你还没有做好准备进屋时，这有点儿难。"不论我们觉得孩子的观点有多大的错误或者多么荒谬，他都需要确认我们的理解。

认可孩子的期望，意味着表达我们可能会忽略的一些事实，比如"你想跑到街对面去。我不会让你去的。"或者，"你想离开露西阿姨的家，但现在还没到那个时候。"

⊖　玛丽阿姨是澳大利亚作家帕·林·特拉芙斯创作的奇幻文学作品《随风而来的玛丽阿姨》中的主人公。该书于 1934 年出版，很快在英国和美国取得了巨大的成功。1964 年美国迪士尼公司将她的作品搬上了银幕。随之，玛丽阿姨在欧美国家成了家喻户晓的人物形象。——译者注

我们总是最难记住要在艰难时刻承认孩子的期望，但如果孩子在发脾气的时候听到我们说的一些话，他会放下心来，原来我们已经知道了他的观点。比如，这样一来就承认孩子的感觉："你想买个蛋卷冰激凌，但我说'不买'。你现在心烦，是烦你没能得到想要的东西。"

学步期儿童一旦觉得我们理解他了，会感受到我们的界限和纠正做法背后的同理心。他可能依然抵触、哭闹、抱怨，但一天下来，他知道我们和他在一起，总对他不离不弃。人生的头几年，将确定我们和他接下来许多年的关系。

第 **4** 章

婴幼儿的管教：保持人与人之间的关系

珍妮特：

你好！

　　我的问题涉及我那刚满 1 岁的儿子。他极度好奇，对身边的一切都忍不住想去碰一碰。我们总把决定权交给他自己，让他觉得自己在尝试做任何事情的时候（当然是安全地尝试）始终是安全的，并且感到我们始终在背后支持他。

　　我是一名老师，我所在的学校很大程度上受瑞吉欧·艾米利亚（Reggio Emilia）和蒙特梭利（Montessori）教学法的启迪，我也从自己的工作经验中受到启发，在和孩子说话时，谈他能够做的事情，不谈他不能做的事情，包括我们几乎不使用"不"这个词——即便使用，也是偶尔。此外，我还试着以一种中立的、一碗水端平的姿态跟他说话，通过做出评论而不是快速假设（如"你看起来很失败。我可以帮你吗？"等）来承认他的情绪，并且运用温柔抚触的力量。

最近，我听到一些朋友谈及管教孩子的问题，以及在这个年龄阶段怎么管教的问题，我们的小家伙在试探我们，而我们绝不能支持任何"坏习惯"，比如大吼大叫/高声说话、发牢骚、做我们不希望他们做的事情。我知道，我们对孩子的反应，传递了强烈的信号。从个人的角度看，我发现，与朋友们相比，我给儿子设定的界限与限制少之又少。有些事情，只要看起来在身体上和社交上/情绪上是安全的，我都允许他去尝试，并且观察是什么吸引他的兴趣。他对所有事情都感到好奇，渴望去与外界接触并探索。

你对管教幼年学步儿童有什么想法？

谢谢你！

德娜

德娜的信清晰地描述了她的孩子在情绪发育方面面临的关键时刻，同时这也是为父母和学步期儿童之间建立健康的、尊重的关系而奠定基础的关键时刻。以下是我的回复。

亲爱的德娜：

听起来，你的直觉、经验和所受的教育帮助你与孩子之间建立了非常积极的关系。你显然十分赞赏他，为他感到自豪，把他视为一个能干的人，而且的确以那种方式来对待他。你做到了以下几点，便是上面这些的明证。

（1）在他感到失败时保持平静和中立；

（2）告诉他你们允许他做什么，而不是经常说"不"这个字眼；

（3）承认他的感受和观点，即使当它们与你们的不一致，或者与规则相冲突；

（4）保证他的安全，同时小心翼翼地不伤害他的好奇心。

在与孩子建立信任与尊重的关系方面，你正处在正确的轨道上，这种关系将把管教融入你养育孩子的过程中，成为其中一个有机的、直观的、不太令人困惑的部分。

我同意你朋友的说法，年幼的学步儿童确实需要行为界限，但我们确定这些界限并对孩子们（为试探界限而产生的健康的冲动）的方法做出反应，有着重要的区别。正如你所说，我们的响应方式传递着强烈的信号。我们与孩子的每一次互动，都是一种学习体验，而那正是我推荐你采用尊重的"人与人"交谈方法的原因。

以下是我关于幼年学步儿童教育的一些想法和建议。由于你提出了"大吼大叫/高声说话和发牢骚"，我将把这些行为当作实例。

我们的需要同样重要。养育涉及与另一个人建立一种关系。我们在养育孩子时，做出了许多值得的牺牲，但最好是让孩子幸福的同时，也不损害我们自己的所有需要，因为：①这会让我们不幸福，并产生怨恨；②这无法引领我们的孩子以健康的态度来对待管教，或对人生寄予切合实际的期望。

首先以一种诚实的、尊重的方法来开始对孩子的管教，意味着在我们与婴幼儿的关系之中，得拥有自己的空间。正如我们要了解孩子一样，他们也需要了解我们，包括我们的喜好与厌恶、不能忍受的事情以及忍耐的底线。对于和孩子相互之间的不一致，我们需要适应，而婴儿和学步期儿童表达他们不一致的方式是哭闹或者乱发脾气。

这样的哭闹，并不是我们必须放下手头一切事情来处理的，或是由于痛苦、心烦或饥饿而导致的紧急的哭闹，但去倾听他们，也没那么困难。要与孩子建立诚实的、平衡的人与人之间的关系，我们的孩子需要较早地了解我们会怎样尽自己的最大努力去给他们需要的一切，但还要了解，他们不可能总能得到他们想要的……那就对了。

对我们有些人来说，这可能意味着早晨需要花几分钟个人的时间喝杯咖啡，迅速浏览一下当天的报纸，到洗手间解决自己的问题，或者花一点点时间到厨房里准备孩子和我们自己的早餐。然后，将我们与孩子达成的协议坚持到最后，这意味着让孩子能够表达他的感觉，在他表达的时候，我们平静以对，并且予以承认。

"你对我在厨房里弄那么久感到心烦。"

"你不想我走。"

"我听到你在叫我。五分钟以后我就过来。"

"我知道你想爬到我身上来练习站立，但那让我很烦。我想帮助你再坐下。"

如果是 1 岁零 1 个月的孩子哭哭啼啼地抱怨或大声叫喊，你可以说："太吵了。你在大吼大叫（以及哭哭啼啼抱怨，等等）的时候，我无法理解你的意思。是想让我扶你起来吗？我现在来不了，但我可以在这里陪你几分钟，我要把这些杂物收起来再说。"

如果是年龄稍大一点、精力更加旺盛的孩子，你可以说："请用你正常的声音跟我讲话，那样我才能听得懂。"或者"你那尖叫声让我的耳朵发麻。请你停下来，和我好好讲话。告诉我你想要什么。"

这样的话，我们并没有忽略孩子的抱怨或尖叫，但我们也不去适应它。我们在引导着孩子，让他尽可能明确和礼貌地告诉我们他需要什么，然后，让他知道我们愿意做些什么，也明白我们能够对他的需求做出反应。

清晰的期望。从一开始，我们的职责就是尽可能清晰且一致地表达我们的期望。最好的办法是，让孩子过几天可预测的程式化的日子。每天反复做些相同的事情，可以帮助他们更好地吃饭、睡觉和玩耍，并感到对他们的世界有一定程度的控制。孩子休息好了，吃好了，才更有可能服从我们的引导，不太可能感到不知所措和表现出不当行为。（通常，哭哭啼啼地抱怨或高声尖叫等同于疲惫、饥饿或者过度激励。）

直接的、坦诚的、第一人称的沟通。把孩子当成平等的个人来看待，要记住的一个好方法是用第一人称和他说话。使用"我"和"你"，而不是用"妈妈"和"乔伊"这些称谓，能够神奇地使交谈保持直接和坦诚。当我们平静地对他说"我不希望你打我"，而不是说"妈妈不希望乔伊打她""我们不能打人"或"我们不能大吼大叫"（同时，孩子可能在想，"嗯，我就是要！"）的时候，我们那正在蹒跚学步的孩子，便更容易理解我们的指令并做出反应。

不要"只说不"。当我们很少用"不"这个词，并且用一句简单的指导和简略的解释来替代它时（比如"请不要拍打那只小狗。那会弄疼它。你可以拍打这个充气动物""我不能让你碰这根电线。它不安全。我来帮你解开它"，或者"我不希望你大吼大叫。这让我的耳朵受不了，而且我也无法理解你的意思。请告诉我你想要什么"），孩子将感受到我们的尊重，从而更多、更深入地了解我们。此外，如果我们不是经常把"不"挂在嘴边，孩子往往会更听我们的。

指导不是噱头。提供个人对个人的指导，意味着对噱头、花招以及类似隔离处分等的惩罚说"不"。它意味着，对正在大吼大叫、牢骚抱怨（或者其他不当行为）的孩子，不要采用分散注意力或者沉默不语的方式来阻止他的行为，而是直接问他想要表达些什么，并且告诉他我们希望他怎么来表达。

我不建议对学步期儿童说一些行话，比如"内心的声音"和"用你的话来讲"。为什么？因为我们绝不会对另一位成年人说那些。（问我们自己，"我会不会以这种方式对待成年人"，是确保尊重孩子的一条好的评判标准。）倘若我们要掌控同伴的行为，我们既不会企图收买他，也不会分散他的注意力。

把孩子当成正常人来看待，意味着当我们和他一起散步时，坚持要让他握住我们的手，而不是松开手或让我们去追他，同时也意味着要期望他坐下来吃东西，不乱扔食物。学步儿童确实能够配合我们，但需要我们采用尊重的反馈、纠正和示范等方法，而不是运用哄骗、操纵或强迫等手段来教他们。

好奇心很宝贵，别伤害它。作为父母，当孩子突然间可以够得着或者爬到某些"越过界限"的东西上时，我们的直觉是大喊："哦，不，别爬了。"但孩子的能力每天都在提高，我们不希望自己妨碍他的这种提高。记得说，"哇，你现在可以爬到那里了！"或者"瞧瞧你找到的叶子"，然后再加上"但你碰（或者吃）这个并不安全，我会把它移开。"如此一来，便鼓励孩子继续遵循他内心健康的探索直觉。

继续以孩子发出恼人的声音为例。应对这一局面，可能意味着对孩子说（他经历了发声试验的迷人阶段）"你现在可以发出那种高声啼叫的声音了！哇，真响亮！"然后，你要就此打住，这是因为，倘若你说得太多或者试图阻止年幼孩子制造噪音的热情，可能会火上浇油，起反作用。有时候，我们需要控制自己，知道什么时候需要屏住呼吸、保持沉默，坚持下去。

希望这些对你有用。

温暖的祝福

珍妮特

第 **5** 章

学步期儿童对界限的需要

　　当婴儿快满一岁时，父母开始纠结要不要给他设定界限。在我的父母－婴儿训练班上，一些心软的父母让孩子在他们身上爬来爬去。孩子在为他自己的行为探索限制与界限。但妈妈和爸爸通常害怕说："我不希望你爬到我身上来。你可以和我一起坐着。如果一定要爬，那边就有让你可以爬的东西。"

　　照看孩子的人越早确立这些限制，孩子就越容易放弃他内心"试一试"的想法，继续之前的玩耍。有时，父母担心一旦自己始终如一地坚守规则，会打击孩子的心灵。但事实是反过来的。给孩子明确地确立了界限之后，他们才会感到自由。

教育家珍妮特·冈萨雷斯 – 米娜（Janet Gonzalez-Mena）使用下面的类比来描述孩子对界限的需要：想象在黑暗中驾车过桥。如果桥的两边没有栏杆，我们会慢慢地、试探性地通过。但如果我们看到两边的栏杆了，便可以轻松而自信地驾车通过。这便是孩子环境中的界限给他带来的感觉。

孩子寻找他需要的"栏杆"，找到了才会感到安全，于是，在监护者清晰表述界限之前，他会继续试探。与父母对着干，是孩子的自我形成过程中一个必要组成部分；不过，其结果必须是让孩子知道，这里由大人说了算。孩子通常不会承认这一点，但也不希望完全由他们自己说了算，事实上，如果真的由孩子自己做主，他们反而会害怕。如果孩子在没有设定坚定不移且始终如一的界限的环境中长大，他们会没有安全感，而且会呈现厌世的倾向。一旦让他们做出太多的决策，并且赋予他们太大的自主权，他们将错失每个孩子都应当享有的愉快的自由。

在婴幼儿资源中心的育儿培训班上，学步期儿童朝父母或其他孩子打、推、扔某件物品的情形屡见不鲜。当这个问题出现时，我鼓励父母亲，如果能够预见孩子的行为，要举起一只手来阻拦孩子，然后坚定但就事论事地说："我不让你打。"或者，如果没能及时阻拦，在孩子打完之后要马上说："我不想你这样做。"

如果父母显得很生气、变得十分气恼，或者说得太多，有可能将孩子不期望的行为转变成一个事件。例如，倘若某位父亲这样训斥孩子："打人是不对的！会把别人打疼！我们不能打自己的家人。"那么，由于过多地关注孩子的行为，这位父亲反而火上浇油，无意中导致孩子还想再打一次。

在另一个极端，如果母亲回应说："哦，不！请别打我，好吗？"或者"我们不打自己的朋友，对不对？"那么，孩子并没有接收到他需要的明确的权威。随后，孩子将继续试探，促使父母来掌控局面。

孩子在重复之前的不当行为时，我想象他们手里举着一面小红旗，并且喊着："帮帮我！""让我停下来！""控制住我！"，或者"教教我！"

父母需要清晰、镇静、坚信地来回应。

如果孩子发出了需要界限的信号，却没有得到持续而有效的应对，那么，这个孩子可能会把手里的"小红旗"换成"大红旗"。几年前，当我三岁的女儿和我在公园的游乐场附近散步时，我仿佛亲眼见到一面这样的大红旗，一个四五岁光景的孩子（并不是我自己的孩子）举着它，拼命摇来摇去。当时，我和女儿正散着步，这个四五岁的男孩子则在围着游乐场跑步，突然间，他跑到我女儿面前，对着她胸脯打了一下。我女儿并没有哭，但我和她都惊呆了。

换作是其他的场合，我可能会为我接下来的场面感到兴奋不已。一位风度翩翩、很像 007 电影中那个著名影星的男人向我匆匆走来。他就是男孩的父亲，一脸窘迫的神情，正眼都不敢看我，含糊不清地向我道歉后，马上把他儿子带走了。

一方面，所有父母都必须学着并最终理解怎样最好地引领孩子的行为；另一方面，如果没有这种正确的引领，可能导致严重的后果，并且带来长期的影响。如果对这些问题置之不理，到最后，孩子可能用破坏性的行为继续试探，对他人或者自己造成伤害，下意识地呼吁父母的干预。在可能的最早阶段就有效地确立界限，总是最安全。

不过，在我们的眼里，一开始看到的是可爱得像天使的小孩子。当他第一次表现出任何侵犯他人的行为时，我们大感震惊。大多数学步期儿童在某一时刻都会有那种行为，但父母不必担心孩子在显示邪恶的一面！事实上，孩子的不当行为通常是他们累了、困了以及需要回家的信号。

当我们显然在家里没有为孩子确立清晰的界限时，他也可能行为不当。有时候，孩子可能遇到不尊重他的界限的成年人或者比他大一些的孩子；例如，他们抓着他并逗他玩，让他感到有些害怕，剥夺了他的安全感。当年幼的孩子以这种方式被人压制和侵犯时，他搞不清应当怎样与别人确立身体接触的界限。如果父母或大一些的孩子觉得有必要和学步期儿童打打闹闹，那也应该等到他长大到足以成为一个平等的玩伴时，才和他嬉戏、玩闹。

有时候，孩子突然间在课堂上表现了不当行为，是因为这里的界限与他在家里的"栏杆"之间有差距。下面讲述的亨利的故事，恰当地证明了在孩子渐渐独立的过程中，父母急需为其设定全面的界限。

　　亨利是个可爱而合群的孩子，只有 20 个月大。每当父母们到培训班里来，他都会和他们打招呼，而且看到其他孩子不高兴时，他会把自己的玩具递给他们玩。但有一天，亨利来到培训班后，开始打所有的人。亨利的母亲温迪焦虑不已。我问温迪，亨利在这里的表现是不是和在家里有什么不同，温迪提到，当她要驾车带着儿子亨利去别的地方时，总是很难让儿子乖乖地坐到他的汽车安全座椅上，这令她感到十分失败。如果是其他时间，她会随亨利自己，静静地看着他在车内玩耍一阵，等他终于坐到安全座椅里再去开车。温迪说，由于要带着亨利马上出发，她最终变得极不耐烦，于是向他解释了她应当作什么之后，把他强行放到座椅上。但无论如何，令温迪不敢相信的是，亨利号啕大哭起来，尽管她在此过程中努力做到了尊重他，并给了他这么多的时间来自己坐到座椅上，但他的情绪依然十分激动！

　　这里的问题在于，温迪将一种过渡的情形与玩耍时间相混淆了，在这一过渡情形中，亨利感到要让他的母亲掌控局面；而在玩耍时间里，最好是让孩子自己来决定接下来做什么。我向温迪建议，给亨利一个选择，让他自己坐到座椅上去，但如果他没有立即坐上去的话，她会把他放到座椅上，哪怕他当时在哭。几天以后，温迪给我发来一条感谢的短信。原来，温迪向儿子清楚地说明，什

31

么时候坐到他的安全座椅上并不是取决于他本人时，而是取决于他母亲，于是，他渐渐不再需要向自己的母亲摇摆那面"红旗"了，因而也不再打人了。

我曾找到的关于孩子渴望父母掌控局面的最明确证据，来自我的一位朋友，也涉及汽车安全座椅。霍莉是位犹豫不决的妈妈，总是不给孩子设定界限。霍莉告诉我，她没有哪一次成功地让三岁的女儿伊莱扎坐到安全座椅上去。伊莱扎总是大哭大叫，拒绝配合。我建议霍莉这样说："我知道你不想坐到那把椅子上，但你必须坐到那里。"然后尽可能轻柔和平静地把女儿放到座椅上去。霍莉后来告诉我，当她坚持让伊莱扎坐上去时，伊莱扎又是踢腿又是尖叫。接下来，随着霍莉一脸沮丧地发动了汽车，伊莱扎轻声说道："我是想让你快点儿开车。"

当大人急需设定行为界限时，孩子不会觉得受伤。对父母来说，满足孩子更容易，坚定不移且始终如一地坚守界限则不容易。孩子也知道那一点。当界限已经设定时，孩子可能哭闹、抱怨，甚至发脾气。不过，在孩子的内心，当父母亲正在热切地为他们筑造一个安全的小窝并付出真正的爱时，孩子会感受得到。

第 **6** 章

赢得孩子配合的关键

音乐剧《欢乐满人间》（*Mary Poppins*）中有一首歌叫作《我最喜欢的事情》是这么唱的：

> 擦干脏兮兮的鼻子，剪掉长长的指甲；换掉脏尿布，再喝些许药；坐在安全座椅上，用注射器注射。这些是我最喜欢的几件事……

……但是，没有哪个孩子喜欢上面的任何一件事。由于孩子往往抗拒这些事情，所以父母对他们很担心。因此，我们急匆匆地把事情做完时，手忙脚乱地把孩子的尿布换好，说不定慌乱中戳到他那正在流鼻涕的鼻子。我们为给孩子喂药，故意让他们分神，并且在他们需要注射的时候使之保持安静。我们会在他们没有盯着看的时候偷偷给他们剪指甲和头发，甚至在他们睡觉的时候剪。

讽刺的是，这些方法到头来制造了不愉快，同时也增大了我们本想避免的抗拒。过不了多久，当我们拿一块纸巾出现在孩子们面前，试图给他擦鼻涕时，他们就会朝山坡上跑去。

但有一个简单的秘诀可以消除这些平凡小事给父母带来的痛苦，甚至可以将它们转变成愉快的配合与沟通的时间。

赢得孩子配合的秘诀与成功养育孩子的所有其他方面是相同的，那便是尊重。

新生儿、婴儿、学步期儿童、学龄前儿童，以及所有年龄阶段的人在面临一些事情时，都希望亲自动手，并获得参与的邀请，而不是让别人把事情都为他们做好。谁又能怪我们想为他们包办一切的愿望呢？以下是显示尊重的一些重要方法。

1. 使活动成为一项熟悉的日常事务与 / 或给予预先通知。对年幼的孩子来说，生活看起来复杂得难以应对。对某项活动，他们了解得越多，就越有可能积极地看待它，并能应付自如。

我们用两种方法告诉孩子们：①通过将其发展为可预测的日常活动，以便孩子知道可以期待些什么；②事先跟孩子坦诚地交谈，告诉他们接下来会发生什么（例如在医生的办公室里）。

可预测性是会养成习惯的。养成习惯使得人们更容易在规则的约束下生活。由于极其年幼的孩子并不理解大人希望他们遵守的规则背后有哪些原因，所以，如果这些规则成为理所当然的事情，对孩子来说会更好。对于有些事情，比如刷牙，我们不需要或者也不希望每次做的时候都再检查一次。

——玛格达·格伯，《亲爱的家长：带着尊重来照管婴儿》

2. 不要打断。尊重孩子的玩耍以及他选择的其他活动。除非绝对有必要，否则不要打断。我们通常发现，尽管孩子在流鼻涕或者尿湿了尿布，我们也可以等他玩完了再处理，或者至少稍等片刻再去擦拭或更换。在做这些事情时，同样要事先告诉孩子，让他做好心理准备，比如"玩几分钟后，就该换尿布、刷牙和看书了。"

如果孩子有充足的机会独立玩耍、不被打扰，他可能更乐意配合父母的要求。

——玛格达·格伯

3. 即使是最年幼的婴儿，也要和他沟通。从一出生，孩子就是完整的人，对于某些任务，当我们坦诚而直接地和他们交谈时，比如"我得用这张纸巾擦一擦你的鼻子。让你的小脑袋别动，就一下。"

我们便是在鼓励他们的参与和合作。

4. **给他自主权**。让你的孩子去做——或者，至少让他试着做。有什么不行呢？你可能会惊讶地发现，孩子天生就有自己擦鼻涕的才能。当我们给他们一些选择时，比如"你愿意现在吃药还是吃完中饭后再吃药""我首先剪哪个指头的指甲"，学步期儿童以及大一些的孩子将感到拥有更大的自主权。

但要警惕那些虚假的选择。如果你问孩子"我能现在就给你喂药吗"，看起来似乎更尊重他，但这样的话，并不是他所有的选择都是我们能够接受的。一旦他拒绝了，我们就没有了选择。

5. **放慢速度**。放慢你的动作，放慢说话的速度，并且延长你说话与动作之间的时间。孩子越小，越需要时间理解我们所说的话。

> 如果大人要求孩子做某件事之后允许孩子有足够的时间来回答，便可以进一步增强孩子的自我感觉，以便他可以自己决定是不是配合。
>
> ——玛格达·格伯

6. **不要同时做几件事**。在需要孩子配合的事情上，孩子也需要我们一心一意去做那些事情。关注孩子、鼓励孩子一心一意地做某件事情，并且和他积极联系。

7. **承认**。在某种情况下，如果我们已经尊重了孩子，但孩子依然抗拒或反对，要承认他们的感觉和观点，比如"你刚才摇了摇头。你不想我用纸巾帮你擦掉鼻涕。我会等一下子，等你准备好了再擦。"

当孩子们不顾我们尊重的态度，仍然拒绝配合，而我们又必须解决那个问题时，更为至关重要的是承认他们的不配合或者生气的情绪："你不喜欢那样。那让你心烦。"

8. 表示感谢。感谢孩子的配合，而不只是空洞地表扬他"做得好"。确认他的成就和进步："现在，你能够自己刷牙了！"

切尔茜给我写了一个便条，和我分享她与自己 10 个月大的婴儿"勺子之争"的过程，她通过尊重孩子的交流、放慢速度并且给他自主权等方法，最终赢得那场争斗。

……每次我试图给孩子吃些果酱之类的食物，他就会拿起勺子，紧紧攥住不放，指关节那些地方都沾上果酱，变成了白色。我很生气，想从他手中把勺子抢下来。喂他吃东西的压力变得越来越大。我觉得，唯一的解决办法是给他吃更多手抓的食物，但总有些时候得喂他吃果酱类的东西。

大约一个月前，我突然想到了一个办法，我意识到，我以前的做法都是错误的。我请孩子把勺子给我。他一开始并没有给我，但最终还是松开手了。我问他，他松手了，是不是想把勺子给我。他盯着我看。我拿起勺子，对孩子解释说，我会在勺子里装更多的果酱，然后再把勺子给他。

接下来的几次，我开始掌控勺子在我们相互之间的传递了。现在，我一说把勺子给我，他就会给我——我毫不费力。而且，不仅仅是勺子，如今，他乐意给我他手里抓着的一切东西，如小石块、玩具，等等。

如今，喂他吃东西的时间已经彻底改变了，我觉得我的孩子事实上好像喜欢把手里的东西给别人了（当他想这么做的时候）。谢谢你花那么多时间来写出这些指导方法。它们对我的帮助太大了。

第 **7** 章

摒弃"分散注意力"的五个理由
（以及用什么取而代之）

分散注意力是应对婴儿或学步期儿童不期望行为的一种受欢迎的"改变方向"的方法。对父母来说，它的吸引力可以理解，因为它涉及使孩子把注意力转到另一项活动，而不是直接面对某件事情。它有助于我们避开孩子的抗拒，他们抗拒的方式可谓多种多样，包括生气、哭闹，或者完全崩溃（我们每位做父母的都不想他们那样，尤其是在公众场合）。

显然，分散注意力的做法通常是管用的，至少是短暂地管用，我能理解，它使得妈妈、爸爸或者保姆仍然在孩子心中是个好人。我喜欢当好人！碰到孩子在沙发上画画，不是跟孩子说，"我不能让你在沙发上乱涂乱画。如果你想画，这里有纸"（或者，如果觉得还不够的话，一开始就不给孩子画笔或者记号笔），而是热情地改变交谈的主题，比如"你能不能在这张纸上给我画一张滑稽的笑脸？"这种分散注意力的做法既容易得多，也不太可能导致摩擦。

这样的话，我可以及时地拯救家里的沙发，但孩子并不知道在沙发上画画是不好的，而且以后有机会的话，他很可能还会在那上面乱涂乱画。嗯，至少这次他没有哭闹，而我仍是他心中的好妈妈（爸爸）！

但我发现，使用分散注意力的方法有几个问题。

1. 虚假。我不喜欢在自己确实有些生气的时候还假装高兴。这种方法除了让我感觉很假外，还让我觉得这并不是良好的示范，而且不利于我与孩子之间的健康关系。尽管让孩子面对困难（或者让我面对沙发被乱涂乱画的情景）并不是件舒服的事，但我认为父母应当给予孩子诚实的回应，他们也需要这样的回应。确实，如果我们能够忍住不发脾气的话，真的不应该发脾气，但我们也不必假装什么事都没有。我们只需保持平静，给出简单的纠正办法和真正的选择（比如"你可以在纸上画画，或者去干点儿其他的事情"）。

没错，孩子可能变得心烦，因为他有权利产生自己的观点和感想。对他来说，表露自己的感想是件好事，对我们来说，承认他们的观点和感想也是件好事，比如，"你真的很想在沙发上画画，而我不让你这么做。"孩子能够体验这种安全的、对他们的年纪来说适当的冲突。这引出了我反对分散注意力的第二条理由。

2. 浪费了从冲突中学习的机会。孩子需要练习怎样来处理与我们以及与同伴产生的安全的分歧。当婴儿或学步期儿童与玩伴争抢某个玩具，而我们马上介入，"哦，瞧，这里还有一个很酷的玩具……"，我们便将一个宝贵的学习机会剥夺了：他原本可以从中学习怎样自己来管理冲突。

假如孩子们看起来真的僵持不下，都在抢同一件玩具，那么，将孩子的注意力转向另一件一模一样的玩具看起来似乎有所帮助，但即使是婴儿或者年幼的学步期儿童通常也只想要另一个孩子手中的那件玩具。孩子们常常更有兴趣去弄懂这种争抢的局面，反倒对那件特定的玩具不太感兴趣。但是，不论他们关注的焦点是什么，年幼的孩子都需要时间来学习如何化解冲突，而不是避开冲突，我们也要相信他们能够学会这些。

3. 没有引导。当我们将孩子的注意力转移开，让他画一张滑稽的笑脸，而不是告诉他，我们不能允许他在沙发上涂鸦，那么孩子能从中学到些什么呢？婴儿和学步期儿童需要我们帮他们了解家里的规则，并最终将我们的期望和价值观内化于心。分散孩子注意力使得可教育时刻的可能性消失了。

4. 低估并妨碍了专注与意识。转移孩子的注意力，意味着让他

"切换一下开关"，忘记刚刚发生了什么。这种缺乏意识的举动难道是我们鼓励的吗？最近，我看到一家大学出版社发表的一篇文章这样建议："由于年幼孩子集中注意力的时间很短，因此，转移注意力通常是有效之举。"

即使我也认为孩子们集中注意力的时间不长（实际上我并不这样认为），但是使他们从当前正在做的事情上分心，看起来只能让他们的注意力跨度更短。那些通常不会分心的孩子则不会接受这种方法。（不幸的是，）我们不可能欺骗、哄骗或者诱引他们，以便不让他们在沙发上涂鸦。我们要鼓励他们完全专注于现在，并且对当前所做的事情有意识，所以他们需要一个直接的或者指导性的回答，而且也理应获得这样的回答。

有时候，我们不能用类似这样的花招来欺骗那些心知肚明的孩子："哎呀，手机不见了，这里有一个可爱的拨浪鼓！"注意和专注对他们的学习至关重要，而且会让他们在今后漫长的人生中获益。

5. 尊重。分散注意力是一种低估孩子智商的欺骗手法，也就是说，低估了他学习和理解的能力。学步期儿童值得我们用对待成年人的方法那样来对待，而不是像下面描述的这样（摘自一个关于养育学步期儿童的网站）。

> 分散和转移注意力。管教学步期儿童的最佳形式是转移注意力。首先，你要将他们的注意力从最初的意图上分

散开，然后迅速转移到一个安全的替代物上。例如，给他们一件别的东西、用家务来帮助他们，他们很快就会高高兴兴地专注于这件替代的物品或事情，而不是把大量的情感能量投入到最初的计划之中。

转移注意力可以怎样被解释为管教，我没有研究过。更重要的是，当你和某个成年人意见不一致时，你会转移她的注意力，指挥她去把地板拖干净吗？如果不会，那为什么要把年幼的孩子当成傻瓜来对待呢？我认为，我们可以信任孩子，他们能够选择在什么事情上投入情感力量。只有孩子们知道自己在全神贯注地做什么，也只有他们自己知道怎么去想办法把事情做好。

以下这些替代的反馈方式不但管用，还能让孩子觉得受到尊重，而且也是真诚的反馈。

首先观察。停下来，默默观察……除非孩子手中的画笔与沙发形成了接触，或者孩子的拳头马上就要碰到玩伴的脑袋，在这种情况下，我们要迅速且尽可能轻柔地控制住他的画笔或双手。然后再深深呼吸。

保持平静、和蔼、富有同理心，但要坚决。如果是小伙伴之间的冲突，客观地描述当时的情形，不能怪罪哪个孩子。玛格达·格伯指出，这种描述要像体育报道那样客观："杰克和约翰同时抓住了这辆玩具卡车。当你们两个孩子都想玩同一样东西时，难题出现了……你们真的很难决定（到底谁该玩）……"允许孩子们这样痛苦地纠结，但不让他们相互伤害对方。"我知道你们都很失败，但我不会让你们打对方。"

承认孩子的感觉与观点。当双方的对抗终告结束时，这样来承认："杰克现在拿到了玩具卡车。约翰，你也想玩。你很生气。"如果孩子想要你去安慰一下的话，一定要安慰。

在我们对某一行为（比如在沙发上涂鸦）给出了反馈之后，并且也让孩子哭喊、争辩或者继续做他选择的其他事情之后，要给予同情和安慰，这个时候，我们可以再次确认他的观点："你觉得要把沙发画得更漂亮点。我说不行，你不喜欢我那样拒绝你。"

表扬成绩和鼓励好奇心。运用转移注意力来重新引导孩子，体现了我们一种自然的趋势：希望马上中止孩子的不期望的行为。在我们忙碌的生活中，很容易忘记表扬和鼓励这种局面下的积极因素，比如孩子表现出的创造性、成就感和好奇心，这些都是积极的。在并非紧急的情况下，我们可以花一会儿工夫来夸他："哇，你一直走到了柜子那里，把我的太阳镜拿过来了！"

然后，我们可以让孩子仔细观察太阳镜，但要拿好它。如果孩子试图从我们手中抢去，我们可以说："你可以看，可以摸，但我不能让你拿走。"这样一来，如果孩子又陷入了挣扎中，非要拿走不可，我们最后可以这样说："你真的想自己把太阳镜拿到手里，但我不能让你拿。我会把它放在桌子上。"

耐心地、坦诚地、公开地、富有同理心地应对这些局面，是与孩子建立爱的关系、相互信任和尊重的途径。如果孩子哭了，我们要勇敢面对；如果孩子认为我们是"坏人"，我们也要坦然接受这个临时的身份。不论你是否相信，这是与孩子相处的真正高质量的时间。

第 8 章

为什么孩子不遵守我们的指令

父母常常问我："为什么孩子不听我的？"他们真正的意思是："为什么他们不遵守我的指令？"

孩子做好了准备倾听，从刚一出生就准备好了破译我们话中的含意，并且从直觉上能明白我们没有明说的话。他们还是一群独特的人，能够迅速提出自己的点子、观念和意愿。婴儿和学步期儿童通常准确地知道我们想做什么，但往往跟我们对着干。

那么，为什么孩子不按我们要求的来做呢？以下是一些常见的原因。

1. 与父母脱节。出于一系列的原因，孩子感到与父母脱节。也许我们习惯于惩罚或者操纵孩子（有时候我们甚至自己也不知道），而不是尊重地、和蔼地引导，这正是孩子了解我们的期望时需要的。

我们也许常犯一个错误，那便是将与孩子年龄相适应的抗拒行为认定为他们的个人行为。尽管我们已经跟他们讲过数百次不能这样做，但我们愿意为他们做任何事情，基本上对他们倾注了毕生的心血，他们怎么可能有意地抗拒我们，或者令我们失望（例如打她的弟弟）？他们会不爱我们吗？

孩子通常由于没有感受到我们的爱，才会一再地抗拒和桀骜不驯。他们感到在我们这里失宠了，因为当他们需要我们的帮助时，却被我们误会和责备了。我们的行为控制方法（通常伴随着一丝愤怒或者气急败坏的情绪）可能让孩子感到不舒服、不明白甚至担惊受怕，其表现是他们的行为越来越古怪。

这些冲动的行为，往往会在孩子身上继续出现并且反复，直到我们意识到他们在向我们传递着强烈的信号：做我的温和的引导者，帮助我再度产生安全感。

2. 光有语言还不够。有时候，11 个月大的可爱宝宝打到父母的脸，然后微微一笑，等到父母说了"哦，不，我们不打人"或者"你打疼我了"之后，宝宝再次打人。每每碰到这种情形，父母总是大吃一惊。难道宝宝突然之间变得邪恶无比，或者不再爱我们了吗？当然不是。她只是在表达一些她还无法用语言来表达的东西，而这个时候，正是我们显示自己能够掌控和纠正这些行为的至关重要的时刻。

我们要平静地握住她那挥舞着的小手，坚定地说："我不让你打我。疼。"如果小宝宝扑到我们怀里继续拍打我们，我们可以补充一句："你很难做到不再打人，所以我要把你放下来。"

然后，等到我们把她放下，她也许放声大哭起来。由于我们已经采取了必要的举动来防止她让我们烦恼，所以现在我们有时间来仔细思考其原因，也许会突然意识到，原来小家伙昨天晚上没有睡好，尽管她比平时甚至还睡得早一些，但已经疲惫不堪了。那是她发出的信号，难怪她在不停地打人。

一旦我们弄明白了，对那些最年幼的孩子，我们再怎么说话都不管用（并且知道了他们有多么难以理解和表达他们的需要），我们会发现，此前我们将他们不听话理解为只有他们个人才有的行为是多么荒谬。对我们来讲，要通过坚定但温和的行动来清晰地表达期望。

3. 我们一反常态的沉默制造了负罪感。有时，当父母认为他们说的话应该算是够多了，或者一反常态地始终保持沉默时，他们在试图呼吁孩子出于同情而做（或者不再做）某件事情，不论这件事情是什么。例如，父母对孩子说，如果孩子不清理自己的游戏室，便是"伤害我们的感情"；或者，不论什么时候，只要和孩子因为什么事情争执起来，父母就会变得无比脆弱，大哭一场（这通常只在父母不愿意通过设立明确界限来掌控局面的时候才发生)。

这些反馈不但没有效果,还可能让孩子产生负罪感,导致其对其他人的脆弱感受产生不健康的责任感(并因此而不舒服)。

4. 我们不确信或者感到过于兴奋。

如果父母并不是真的相信某条特定规则的有效性,或者害怕孩子不会遵守,那么,孩子很可能不会遵守。

——玛格达·格伯

我们发出指令的方式将决定孩子是否遵守它们。一些父母需要有十分自信地、就事论事地交代指令的能力,并且记得在讲完后添加一个时间期限(而不是问孩子"好不好")。

有的父母看到孩子去摸小狗的餐盘,会马上朝孩子猛扑过去,大喊"不"。或者,到了学步期儿童该回家时,他却跑开了,有的父母也会赶紧冲上前去。对于这些动作和行为,父母们需要练习我所谓的"百无聊赖的步子",用这种懒洋洋的步伐来替代那些急匆匆的动作(当然,如果碰到孩子跑到了车水马龙的大街上等紧急情况则另当别论)。倘若我们在本该不用跑过去的情况下选择了急急忙忙冲过去,而不是自信地漫步过去,可能会导致不期望的行为出现无数次的反复,因为现在它已经变成了一场激动人心的游戏。

淡定的反应还有助于平息孩子哭哭啼啼的抱怨、尖叫或者试探着说出他们在幼儿园里偶尔听到的某个不雅的词。如果我们对其视而不见（并不意味着我们有意忽略孩子），或者轻描淡写地回应一下，孩子们更有可能忘记那个词，停止抱怨或尖叫，比如父母可以冷冷地回应说"你有点儿太吵了"或者"那是个丑陋的词。以后别说它了。"

5. **我们的指令下得太多。**没有人喜欢被别人呼来喝去，对学步期儿童（或青少年）而言更是这样。无论什么时候，只要有可能，就给孩子一些选择和自主权，包括婴儿在内。从刚一出生开始，孩子们便渴望成为他们人生中的积极参与者。在做决定的时候将学步期儿童包含进来，并请他们帮你解决问题。[丽莎·森伯里（Lisa Sunbury）在《关于婴儿》（*Regarding Baby*）杂志上发表的《让我们谈谈》（*Let's Talk*）的文章中提供了深思熟虑的建议。]

给孩子大量自由玩耍的时间来平衡我们平时对他们发出的指令，意味着在我们给他们发指令的时候，他们会更乐意听从。这还有助于我们记住，要总是确认孩子的观点，例如"我们已经在外面玩了这么久了，我知道你不想进到屋子来，但必须得进来了。"

6. **我们的孩子有更好的事情要做。**有时，孩子不遵守我们的指令反而是件好事，因为这体现了孩子健康的、快乐的直觉，他们在以年幼孩子学得最好的方式学习，比如通过玩耍或探索地遵循内心引领的方式来学习：

　　我女儿今年两岁半，当我们开始去参加一些活动时（有组织的学龄前儿童游戏组、妈妈－学步儿童的那种游戏），她不遵守我的指令（或者说很少遵守）。也许她在某种程度上想照着做，但一般来讲，她就像一朵野花，四处转悠、到处奔跑，在偌大的空间转着圈跳舞，而其他所有的孩子都安安静静地坐在她们妈妈的身旁……我是该为这个担心呢，还是让她自己继续自己的探索（这是冬天，因此，在广阔的地方奔跑真的是一种享受），或者继续想方设法让她倾听正在努力组织活动的"鼓舞者"所说的话？

——丽诺尔

　　嗯……是让她听"鼓舞者"说话，还是让她四处转悠、到处奔跑并且兴高采烈地起舞，这是个艰难的选择。

第 **9** 章

不能让孩子做出的选择

尊重对于养育孩子来说至关重要，但这个词可能令我们困惑，尤其是涉及为学步期儿童设定界限时。

孩子需要大量的机会掌握自主权，并使他们的选择得到尊重。与此同时，他们还得知道什么时候不能有自主权，在那些时候，我们这些做父母的要通过自信、决断和温和的方式来显示自己的引领角色。想清楚怎样平衡这些看起来针锋相对的需要，可能是件棘手的任务。我们怎么知道孩子什么时候应当自主地选择，以及什么时候需要由我们来选择呢？

如果学步期儿童能让我们知道什么时候给了他们太多的自由，

从而导致他们对自己过大的自由感到不适应，那么他们可能不会……至少不会在口头上说出来。不过，这些不安的感觉常常会通过学步期儿童的行为表现出来，他们会变得更加抗拒、爱发牢骚、分散注意力或者黏人；或者，他们继续试探，直到我们提供他们需要的帮助时为止。也就是说，直到我们为他们做出选择为止。

给孩子选择的自由，也可能导致他们甚至更频繁地试探我们的界限，这似乎有点儿讽刺（以及不公平），但确实如此。两岁的孩子并不可怕，因为他们犹豫不决、反反复复。有时候，他们显得很想自己做主，但那种自主权的现实又令他们感到害怕，而且可能严重损害他们的安全感。

学步儿童无法轻松地做出大多数关于转变的选择。这是有道理的。他们已经身处巨大的转变之中，正以惊人的速度成长和变化着。即使是最微小的转变，也意味着放弃他们之前想方设法获得的短暂的平衡，并且在新的环境中找到自己的立足之处。

在这种转变期间，当我们给学步期儿童多个简单的选择时，便是在邀请他们坚持自己的立场。这里有个例子。

你的一位朋友邀请你带着你家两岁的孩子去参加一个派对，但当你和孩子快到朋友家门前时，孩子突然神神秘秘地打起了退堂鼓。他哭哭啼啼地说："不想去了！"

你感觉被他骗了，或者也许你一开始就料到他会这么做。你对自己说："嗯，急什么呢？毕竟我们在这里，为的只是让孩子开心。我可不想让他烦恼。"

因此，当孩子在主人家的前院里来回踱步时，你在一旁等着。等啊，等啊，等啊，希望孩子告诉你他已经准备好了，可以走进主人家里了。你一定不想带着一个高声尖叫的孩子走进朋友家里。这应当由他来选择，对不对？

但是，由于你是一个普通人，所以你正失去自己的耐心，变得烦恼起来（这通常是你需要设定一个界限的信号）。你尝试着哄他，向他详尽地描述派对上好看的气球、好玩的游戏、美味的蛋糕，所有这些都令人愉快，你知道他很喜欢。然而他还是不肯进屋去。现在怎么办？

你是不是应该：

（1）继续等待、哄骗并变得更加气恼。

（2）带着他回家。

（3）让他知道，现在是时候进屋去了，把他强行带进去，并且做好准备面对他可能出现的爆炸性的负面反应。

（4）让他选择是现在进去还是在三分钟之内进去（或者，也许可以让他选择是自己走进去还是被你拖进去），然后再遵循（3）的处理方式。

你可能已经猜到了，我建议采用（4）的处理方式。一旦你已经走进了朋友家里，可以选择让孩子坐在你的膝盖上，只要他愿意，坐多久都行；或者让孩子参加派对，而且，当你们准备离开（对孩子来说应该是件高兴的事！）时，做好准备再运用一次（4）的处理方式。

当我们表现得镇静时，孩子通常会迅速释放他们的烦恼感觉，感受到自由。这让我想起了一条育儿的经验法则：害怕（或者甚至是稍稍地陷于沉默之中）让我们的孩子烦恼、失望或者生气，将蒙蔽我们的视野，并对我们的判断产生不良影响。

我认识的最难做出果断决定的父母，是那些温和的、敏感的、有时候对他们孩子的感觉过度融入的父母，即使他们从理性上了解自己的孩子多么需要这样的果断决定。（我是不是看起来很了解这种类型的父母啊？）

玛格达警告说：“父母的矛盾情绪、负疚感以及对其角色感到困惑的地方，年幼孩子将令人吃惊地很快了解并加以利用。他们似乎对此有第六感。任何来自父母的矛盾的情绪都将产生一种难以摆脱的反应。”

我们是否希望自己的孩子这样？绝对不是。我们的孩子经常抗拒我们的既定日程，对我们大发脾气，甚至情感崩溃。那是他们最需要的自由。因此，我们的工作是当一位坚定的引领者，能够在孩子暴风骤雨般的情感面前保持镇静，富于同理心，毫不动摇，不会因此变得盛怒或者同情，也不认为孩子的这些感觉只有他一个人才有。

我们更容易说，"好吧，照你的想法去做吧。"但是那样，（我们的育儿）能有什么成就可言？

——玛格达·格伯

以下是另一些实例，我认为在这些时候，孩子需要我们温和而坚定地替他们做出决定，然后他们照办。

1. **伤害他们自己或别人**是个明显的例子。有时候，我们可以让孩子选择击打或踢打某些安全的东西、跺脚，或者做些别的事情，以鼓励他们安全地发泄内心的感受。要总是确认那种感受，不论它们看起来可能多么过于戏剧性或者不恰当。

2. **反复地抢玩具**，通常是孩子正在请求大人设定界限，并且需要温和地制止的标志。

3. **汽车安全座椅**是孩子与父母对抗的常见原因。我觉得，当我们认为孩子应当自己坐到安全座椅上去时，他们往往对这个决定感到不舒服。他们可以选择自行坐到上面去，或者在别人的帮助下坐上去。

4. **挑选衣服**应当是孩子合理的特权。但我认为，不能让孩子穿着不舒服的、袒胸露肩的或者其他不适合的衣服外出。如果这样，对我来说纯属疏忽而不是尊重。

5. **留下孩子**，然后我们去自己必须要去的、没有商量余地的地方。再次强调的是，要总是确认孩子的感觉，向她保证你会回来，然后和她平静地分开。对孩子来说，当我们朝她挥手时，她很想和我们待更长时间，要分开的那一刻，真的十分折磨人。

在上述某个方面，如果我们没有为孩子确立清晰明确和始终如一的界限，他们的舒适感与安全感会消失，通常导致他们在其他方面也去挑战界限。

在自由与界限之间保持这种微妙的平衡，绝不是件容易的事情（特别是对那些我们着眼于使他们高兴的人来说），但这些每天对自己孩子做出的无穷无尽的艰难选择，是我们对他们的爱的确切信号。深入详尽地了解我们的孩子……了解他们有多么需要我们的爱。

第 10 章

"不" 这个词的力量

珍妮特:

你好!

我不知道怎么继续和我的儿子相处下去,我有一点点迷茫。他现在两岁零两个月大,最近开始对我的所有要求都说"不",不论我说的是什么。

我丈夫和我想尽办法摆出积极回应的姿态,尽可能避免说"不"。我们不说"不要乱扔吃的东西",而是说"请把你吃的东西放在盘子里"。因此,我们不确定儿子的这种态度到底是怎么来的。希望你能给我一些建议。

一个例子是在睡觉之前换睡衣。如今，我们得为这件事情花上半个多小时，因为他就是不想穿睡衣睡觉。我尽力克制着不强迫他，尽可能给他机会自己换，但根本不管用。他不哭不闹，只是十分冷静地说"不"，然后去干他自己的事情。我发现自己坐在这里犯糊涂，不知道怎么办。

请为我出主意。

凯特

亲爱的凯特：

你的邮件让我笑了。对你的孩子来说，在人生的这个阶段，应当正是喜欢说"不"的年龄。对他正在逐渐萌生的自主权而言，这是个有力的词。他正在感受自己的独立。别让它对你造成困扰，哪怕是最小的困扰。事实上，要欢迎他的不同的意见，并且予以承认。那正是他想要的。只是不要向它屈服。

因此，当他说"不，我不想穿睡衣"时，做到镇静自若。这样说："哦，我听到你说的了。你不想穿睡衣。你想穿什么衣服上床睡觉呢？"或者也许可以这样说："这两件睡衣，你选择穿哪件？""我听到了，你不想换新的睡衣。这完全可以理解。但如果你在五分钟之内不穿好的话，我们便没有时间来读书了。"或者还可以说："你想现在穿上呢，还是在五分钟之内穿上？"

关键是继续鼓励他坚持自主权，并给他一些选择，以便他觉得不是被你呼来喝去。要毫不费力地掌控局面。完全不带威胁地掌控。最差的情形是：大不了就让他穿着普通的衣服睡觉。

即使是那样，你也可以再试一试，对他说："我希望你舒服一些，因此我打算帮你现在穿上这些睡衣。或者你可不可以自己换？"然后说，"由于你没有及时换上睡衣，我们现在没时间读书了，但如果我们明天早一点上床的话，还是有时间读书的。我爱你……晚安。"

有时候，对孩子说"请把食物放到你的盘子里"可能会管用，但他也可能需要有所选择。扔食物是他表明自己并不饿的一个十分清晰的信号。我觉得，如果跟他说"你在吃东西的时候，我希望你把东西放到盘子里。你把吃的扔掉，意味着你已经吃完了。晚些时候我会把食物拿走，等你再饿了，就没有吃的了"，并不见得是一种惩罚。

记住，对你的孩子来说，"不"是一个非常健康和积极的词，他现在就想试验一下，同时，这个词也是他的安全依恋的一种体现。你甚至可以和他玩个游戏，在游戏中给他一系列的选择（比如玩具、衣服、食物，或者其他任何东西），他会不停地说"不"。

我记得有一次，我那正在学步期的女儿在洗澡时，我和她自然地开始玩一个类似这样的游戏。她正在玩浴室里的玩具，用茶杯或瓶子把水往浴缸外边倒。无论打算做什么，在做之前她总是稍稍迟疑片刻，而我拖长声音说一句"不"，而且以一种她知道是在打趣的方式来说。然后，她会继续做那件事情，并且说，"对我说'不'吧"，脸上还挂着灿烂的微笑。我这么做了，同时还假装非常严肃。

她开始体验到违背我意愿的那种强烈感觉。这个游戏变成了女儿每次洗澡时都要进行的最喜欢的游戏。她怎么玩都玩不厌!

希望这能帮到你……

祝你成功

珍妮特

珍妮特:

你好!

感谢你的宝贵建议。我已经尝试着给我的孩子一些选择,结果局面得到了改观。我给他一个穿睡衣的选择,一个讲两个故事的选择,类似那样。他对我的有些选择真的给予了很好的回应。

此外,我也感到轻松多了。昨天早晨,儿子又不穿衣服。我给他一个穿衣服的选择,但他依然拒绝了。因此我平静地对他说,我知道他不想马上穿好衣服,我去做早餐,只要他什么时候做好了穿衣服的准备,可以大声叫我,让我听到,我就会过来帮他穿。他马上说,他做好了穿衣服和吃早餐的准备了。这虽然经过了一定的练习,但我和他的沟通更加顺畅了。

我努力保持镇静和尊重,这真的胜过言语。我完全按照你教我说的去说。我感到准备十分充分了,我儿子也感到他的话我在听了,我们变得更开心。

再次感谢。

凯特

第 **11** 章

不提倡用计时器

孩子似乎拥有世界上所有的时间，但大人不会。对孩子来讲，尤其是年幼的孩子，即使是已经确定好的例行活动，时间也只是个抽象概念，因此，你很难指望他们和你一样产生紧迫感。解决的办法是：给他一个计时器。上面显示的数字越大，时间一到发出的声音越响越好。

——保姆斯特拉，尼克国际儿童频道的《父母联系》节目

如果你使用计时器，我知道你可能在想什么，因为我也曾这样想过。你在想：当你能够听到别人向你提的建设性建议时，为什么

要把一种管用的工具说得一文不值呢？使用计时器到底有什么错？它有助于我们设定界限，并且更加优雅地应对孩子的转变，我的孩子也喜欢这种方式。

表面看来，计时器是有趣的、有效的和无伤大雅的工具，我肯定从来没有批评过使用它们的父母。但我相信，计时器也可能扭曲（并非一语双关）、妨碍和破坏父母们终极目标的实现。

因此，我希望你听我说完，只需一两分钟（再继续设置你的计时器无妨），然后，你再自由地表达你的不同意见。

找出我们作为胜任的引领者的节奏。将我们自己确定为孩子需要的那种自信的、富有同情心的引领者，既要求我们拥有丰富的经验，又要进行大量的实践。为孩子确立界限和赢得孩子配合，并不是所有人在养育过程中最喜欢的两个方面，而且对我们大多数人来讲，这两件事情也并不会自然而然就能做好。因此，用计时器来扮演孩子心目中的"坏人"，并且在炎热的夏日黄昏让它来告诉孩子，是时候停止在外面玩耍了，一定是完全可以理解的。但它是否明智呢？

从我个人来讲，也作为一位育儿教练，我注意到，我们越是练习直接面对孩子对界限的抗拒，便越能习惯于面对、接受和承认他们的不愉快。随着时间的推移，这种面对会越来越容易，我们也能越发自信地扮演好温和的引领者的角色。我们不需要用计时器来支持自己育儿，用以抵消孩子可能的"责怪"，甚至可以说，它反而在这个方面阻碍我们前进。

小花招。我和我的导师玛格达·格伯一样，并不热衷于各种各样的育儿花招，这是我避免使用一些小东西的（众多原因之中的）一个原因，比如计步器、帮宝椅等；我也不使用收买、欺骗、给孩子贴画甚至说一些小孩子的"专用术语"等方法和工具，那些小孩子的"专用术语"包括"隔离"（time-out）、"用你的话来讲"（use your words）、"大感觉"（big feelings）或者"婴儿服装"（babywearing），等等。

这看似有些极端，但涉及我的孩子，我想说的和想做的一切，是时时刻刻提醒自己，他是一个完整的人。我需要与他一直清晰地保持人与人之间的平等关系。但是，当我们的社会中令人震惊地缺乏对年幼孩子的尊重时，真的很难坚持那样做。

辨别某个术语或某种方法是不是尊重孩子，一个可靠的标志是问我们自己，我们会不会把它用在成年人身上：我们会对除了孩子以外的任何人使用计时器吗？闲逛的时间到了，亲爱的，过来帮忙洗碗吧！

> 你的时间到了。"计时器帮助孩子对时间产生感觉，也让他更清楚时间的概念。这只能让他们从长远受益，更别提能帮你现在将日常生活的争斗消灭在萌芽状态了！"
>
> ——保姆斯特拉

没错，从长远看，合理的时间感觉不但重要，而且有益，但为什么要在孩子那么小的时候急于给他灌输这个概念呢？我记得一位忧心忡忡的朋友抱怨说，她孩子的幼儿园班上使用计时器，让孩子们走出学习中心，每隔五分钟再让他们又回到学习中心，可以想象，这种方法让孩子感到不安，除了让他知道这个学校的压力大到令人难以置信以外，再没有教给他任何东西。

我确定，如果换成我是那位朋友，也会和她有同样的反应，甚至换成另一位成年人，也不例外。我想象自己听到了秒针在走的"嘀嗒""嘀嗒"的声响，会变得焦虑不已。（也许还解释了为什么我会对玩偶盒感到十分紧张。）而这种令人分神和惊慌失措的感觉一定会让所有活动都失去乐趣，也让我参与的各种思想训练失去吸引力。用计时器来计时的时间，会不会反而比没有时间更糟糕？

关于年幼的孩子，我珍惜的许多事情中的一件是：他们没有时间的概念，完全地和时间交融在一起。任何时候，孩子们都在浪费他们的时间，而且可能也鼓舞我们从紧张的工作中放松一下，放慢节奏，和他们一起来浪费些时间。孩子们什么都不懂，无忧无虑，这对他们来说是一种幸福，那么为什么要在这个时候急着让他们了解时间的意义呢？

它怎么这么快就变得这么晚了？

——苏斯博士（Dr.Seuss）

第12章

保持镇定自若

　　学步期儿童经常惹得我们气不打一处来，但这些小家伙并没有不尊重我们的意思。从他们的角度看，试探我们的界限（和耐心）是一种冲动行为，也是他们在寻求一些重要问题的答案时采用的与他们的发育相适合的方式，这些重要问题包括：

- ⑨ 我安全吗？有人管我吗？
- ⑨ 我的引领者是不是有信心？
- ⑨ 他们是跟我站在一起，还是跟我作对？
- ⑨ 如果我能获得我想要的，或者感受到我所感受的，是不是很好？
- ⑨ 我是个坏孩子吗？

　　学步期儿童一方面试探着提出这些更重要的问题，一方面也请我们清晰地表达（并且反复澄清）自己的期望，以便树立家规。例如：*如果我……（打那只狗、推我妹妹、扔掉吃的东西、原本打算离开这间房子却突然不离开了），我的父母会做什么？（上床睡觉、让我坐到安全座椅上、在公园停车场抓住爸爸的手）……这些决定，究竟由我做出还是由我父母做出？*

　　如果我们不能持续给学步期儿童提供他们需要的答案，以便他们觉得有人在引导他们、保证他们的安全，并且理解他们，那么他们通常需要通过抗拒和试探来继续寻找答案。

　　作为父母，我们并不是一直都能很好地对待孩子的这些试探。我们是普通人，总有厌倦的时候，也总有被点燃怒火的时候，这意味着我们至少偶尔会失去冷静。没关系。如果我们某种程度地保持始终如一、镇定自如，并且使我们的界限和要求清晰明确，那么孩子便能成功地理解我们发出的信号。

　　以下这些建议曾帮助我以及和我合作过多年的父母保持镇定。

　　1. 树立正确的观察视角。对于挑战界限的行为，我们的态度十分重要，我们的视角则会确定我们的态度。试探、挑战界限、叛逆以及抗拒，都是学步期儿童在培养独立性和争取自主权方面发出的一些健康信号。如果我们说"绿色"，学步期儿童通常一定会说"蓝色"，即使绿色是他们最喜欢的颜色。这是因为，如果孩子想要的也是我们想要的，他们便不能将自己断定为独立的个人。

除了这些困难，再加上缺乏冲动控制以及普通的情绪激荡，你会理解我为什么建议将这种状态下的学步期儿童更多地当成心理健康的患者，而不把他们当成任性的孩子。学步期儿童需要我们的帮助，不需要我们的愤怒或惩罚。

他们在经历紧张、害怕或其他强烈的情绪时，冲动行为会得到强化。于是，不足为奇的是，大多数父母和我联系时，说他们的孩子存在一些行为上的问题，其实他们是正在养育新生的宝宝、即将拥有新生宝宝，或者正在设法应对孩子反应强烈的其他一些重大改变。

遗憾的是，恰好在这些情形出现时，学步期儿童无法适当地分享他们的感受。相反，他们只能通过高声尖叫"不"来响应父母的指令，或者由于我们拒绝再多给他一块曲奇而情绪崩溃，又或者对其他一些看起来并不重要的、令他失望的事情给予夸张的回应。这正是我们不必去主观地评判这些过度反应，而是尝试着理解和欢迎它们的原因。

当孩子由于我们在他的薄煎饼上倾倒了太多果汁而高声叫嚷时，我们不要觉得被他冒犯了，而要努力记住，这种行为的确只是对另一些更深的失望情绪的发泄。

2. 正面地感知冲突与强烈的情绪（或者，至少是稍稍不那么负面地感知）。许多父母了解到的信息是：孩子强烈地表露他们的情绪，是不可接受的，与孩子之间的冲突很可怕，要尽量避免。不幸的是，这种感知使得我们下一次不可能从容不迫地处理学步期儿童的事情，他们（如上所述）需要和我们产生不同意见，并且在表达强烈情绪时，也需要感到安全。转变这种范式是父母们面临的最大挑战之一，但是一定要极其自由地实现这种转变。

当我们开始练习着确认孩子的观点时，便在慢慢地进行这种转变（对大多数人来讲，一旦和孩子发生冲突，很难想到自己要去承认孩子的观点！）。对孩子来讲，他们一心想着自己想要的东西，这完全是可以的，即使我们并没有给他们，他们也有权利老想着那样东西。不论孩子的态度有多么不公正或者多么荒谬，我们都不要强迫、争辩或者评判。

3. 确立合理的预期。树立正确的观察视角，有助于我们知道该期望些什么。接下来，假如孩子拒绝遵循我们最客气和最合理的指令，或者我们在做饭时孩子一直不停地打搅，又或者总向我们要更多的东西（不论那样东西是什么），那么，我们别让自己显得很吃惊或者感到被冒犯。孩子实际上需要的是情感迸发。

孩子在学步期间，我们理应能预测他的不可理喻的行为。能够预期他的疯狂行为，可以使我们更容易保持冷静。

4. 预防为主、充分准备、前瞻地看问题。学步期儿童是天生的充满好奇心的探索者，因此，如果把他们放到扼杀这种天性的局面之下，无疑会令父母和孩子都倍感失败。此外还要记住，学步期的孩子容易受到过度刺激、易于感到疲惫，而且似乎一下子就能从全饱变为饥饿。

充分准备和前瞻地看问题，意味着要清楚地认识到，学步期儿童很可能不会遵照我们的指令或同意我们设定的界限。这并不代表我们不应当满怀信心地继续下去（我们需要表露出自己的信心）。这代表着我们不要多次去询问，因为那会让我们马上感到烦恼和愠怒，并且不管什么时候，只要条件允许，我们在询问孩子时要给他一个选择，也稍稍留点时间，这是给他们留面子。

记住，学步期儿童需要与父母产生分歧，以便宣告在这个世界中新的、更加独立的地位。在这类儿童的词典中，服从意味着软弱。

这里有一个备用的选择："你能不能自己做这件事？或者你需不需要我来帮你一下？"这显然并非关于孩子能做还是不能做，更多的是关于他们在那一刻愿意做还是不愿意做。如果学步期儿童总是做好了准备来接受我们的帮助（没有提问题），我们便可以保持从容、坚定和温和，而不是强迫和生气。

不去预料孩子的意愿，你就不会失望。

顺便提一下，学步期儿童并不十分擅长收拾他们的玩具，通常需要父母协助，要么需要一个特定的篮子，要么需要由父母温和地告诉他不收拾玩具的合理结果是什么，比如"如果不把这些玩具收拾好，我们便不能把更多的玩具拿出来。"

5.假装好像……　我教的育儿方法的一个组成部分是：作为父

母，我们需要做到真诚。但由于我们不带惩罚地处理孩子的行为问题极其重要，也是一个高尚的目标，对大多数人来说似乎还不太自然，因此假装也一定有所帮助。

假装我们好像很从容，并不意味着运用严厉的表达和语气，或者强迫自己笑和玩游戏。它意味着想象我们多年来已经应对了这些情形，以至于能够保持彻底的平静与舒服，这样，在需要的时候，我们容易做到直接、确定和身体上的持续跟进。

一旦我们开始注意到自己可以变得多么高效，就能树立起停止假装所需的信心。

6.运用形象化的描述。对我来说，三个形象有助于育儿实践，一是CEO（第1章曾介绍过）、二是超级英雄的盾牌（将在第13章介绍）、三是泰迪熊的形象（将在第18章介绍）。运用这些形象中的一个，或者找准个人的形象来树立信心，帮助你感到镇静，并为你稍稍制造一些需要的情感距离。

7.练习——变得更加容易。每次小小的成功都会提升我们作为父母的信心，使我们更容易表达个人的界限，并对生活中的各种人际关系产生积极的影响。

8.意识到个人的临界点、预测和优势。练习自我反思有助于我们知道自己的临界点（几乎也能同样地了解我们孩子的临界点），这样，我们便开始理解它们。意识是改变的第一步，而为了孩子改变旧有的回应模式，是一种深刻的改变。

9. 寻求支持。儿童学步的那个时期，是一段紧张时期。为了最大限度地做到从容不迫，学步期儿童的父母需要找个人倾诉，找个肩膀依靠，有的可能需要某位教练、咨询师或治疗师的支持。让你的孩子也渴望获得你需要的那种帮助。

第 **13** 章

保持镇静的秘诀

    我曾犹豫过到底要不要分享这个秘诀，因为我担心这显得可笑。接下来，如果我真的在竭尽全力为你提供一个完整的育儿工具箱，就必须将一种做法包含进来。这种做法尽管有些空洞，却对我自己在养育三个孩子时的心智健康至关重要。顺便说一下，我的三个孩子比我希望的更加健康、更加善于调整。

    我能够体会所有人的感觉并受其影响，特别是孩子们的感觉。但我也知道，即使面对孩子最阴暗的情绪依然能保持镇静与专注，对孩子们的幸福成长至关重要。我可能偏离正确的观察视角，在大发脾气的时候不能坚定地支持孩子们的感觉，或者坚守他们需要的行为界限，到最后可能失去耐心、情绪崩溃、犹豫不决、心烦意乱或者倍感失败、大吼大叫，通常做一些不但不能管用，而且制造更大麻烦的事情，使局面进一步恶化。

当我们失去冷静时，我们所说的或所做的大部分事情对孩子来说是彻底迷茫的。当我们用连枷抽打孩子时，他们只知道自己有权伤害我们，或者只知道激起我们的怒火，而当我们控制不住，真的暴跳如雷时，他们感到很不安宁，因为我们制造了一种极其不安全的氛围，反过来通常导致他们重复以前那些令我们大发雷霆的行为，直到我们想出办法控制自己时为止。

或者，也许我们说一些类似这样的话："你是在伤害我的感受！"如此一来，我们表露出的脆弱又制造了负罪感和不安全感，让孩子感受到一种无节制的压力，给孩子增添了心理负担，使他们失去了需要由我们提供的那种自信而温和的引领，这种引领正是他们急需的。

但是，我们是人，普通的人。我们的孩子陷入烦恼，我们自己也会感同身受，而有的时候，我们也会失去冷静。尤其是在孩子学步期间，我们可能更加频繁地容易激动起来。怎么来控制自己的感觉与反应？

围绕帮助其他父母控制其情绪反应，一些父母、博客写手和专业人士提出了许多很好的建议，我很感激他们。他们建议父母们在被激怒的时候做些健康的、有益的事情，而不是高声怒骂或者打孩子屁股。我最喜欢的几条建议包括：深呼吸、打电话给朋友、做几下开合跳；吃一些黑巧克力（最好是马上就狂吃）。但我知道，在艰难的白热化局面下，我需要做一些更加迅速、更加有力、更加前瞻的事情。

因此，当我的孩子恼怒、悲伤、感到失败、精神紧张或者情绪崩溃时，我想象自己正披着一件超级英雄的风衣，风衣上安装了一块盾牌，在盾牌的保护下，我能承受住哪怕是最狂暴、最惹人暴怒的情绪大爆发。盾牌让我感到自信、胜任，并且鼓舞我从这场争斗中超然物外。只要披上了这件超级英雄的风衣，我便能跳出自己的自我，从更清晰的视角来进行观察。

我意识到：这是非常重要的育儿时刻。释放这些感觉，对我的孩子十分有益。这种情绪的释放，将澄清事实的真相、振奋孩子的精神。着眼于当下并保持镇定自若、坚持已经设定的界限、并为这些情绪充当安全的释放通道，是我可以做的最好的事情。

* * *

在育儿时，我的"超级英雄的风衣"能够让我做到以下这些。

1. 让我明白，孩子们这些难以应对的行为是在请求我们帮助，因为这是孩子在那个特定时刻能做的最好的事情。

2. 让我记得要承认孩子的感受与观点。这一做法的重要性再怎么强调都不为过。

3. 让我有信心较早地（也就是在我变得烦恼或者愤恨之前）设

定并坚持界限，并且十分平静地、直接地、诚实地、不带任何惩罚地设定和坚持界限。

4. 让我知道，光靠说话往往不够。我必须通过干预来帮助孩子停止这种行为。

5. 在某种局面下，当我需要把孩子带走和拉走，但他在不停地哭闹时，我会不害怕别人怎么想。我把孩子放在第一位。

6. 让我有勇气允许孩子完全释放他的感觉，在他释放的时候，他不必保持平静、无须急匆匆，也不需要保持安静，或者我也不需要说服他们别把那些感觉释放出来。我可能会说"你对那件事情有着很强烈的感觉"，而不是大吼一声"够了！"

7. 让我在孩子的风暴已经过去时，不带一丝怨恨地继续向前。

8. 与其感到愤怒、内疚或者整天垂头丧气，我希望自己高昂着头，祝贺自己成为一位了不起的、英雄般的父母。

偶尔有几次，尽管极其罕见，我采用的超级英雄的视角，甚至还辨别出了这些时刻的浪漫感受。我仿佛能以超高的速度在时空中穿梭，见证遥远的未来、回顾长久的过去，并且意识到，现在就是我和孩子在一起的最好时光。这段时间看起来不太美妙，但我们亲密无间。当她表现出最坏的行为时，我会记得要真正爱我的孩子有多么艰难，但当我不论有多难都做到了深爱她时，我感到超级自豪。

第 14 章

为什么哭哭啼啼

　　孩子哭哭啼啼的声音，特别是我自己孩子的哭声，一定是我能想象到的最令人痛苦的声音。与其听这种哭声，我倒宁愿自己被困在一辆警报响个不停的车里。它让我强烈地感受到做某件事情很有压力，而且如果有什么办法纠正的话，不论那办法是什么，只想着即刻去纠正。

　　孩子哭哭啼啼，意在引起我们注意、让我们感到紧张。如果说有什么令我们稍感安慰的话，那就是几乎每个孩子都会经历一段（或者两段）哭哭啼啼的过程，而这并不意味着我们的孩子或者我们的养育方法存在某种致命缺陷。

这里介绍怎么让学步期儿童不再哭闹，不再让我们紧张，以便帮助他们得到他们需要的东西。

1. 不要慌乱。有人建议父母对孩子哭哭啼啼的行为视而不见，但我认为，要让自己随时做好准备，同时专注于现在，只是要摆脱孩子哭闹的影响。

设想你正戴着一个烦恼过滤器（如果真的有人发明了这样的东西，我确信他可以立马变成亿万富翁）。来几次深呼吸并提醒自己，你孩子的行为完全是正常的，但你不能鼓励他的这种行为。如果我们为了让孩子停止哭闹而去请求他，或者消极应对，也许恰好在鼓励他（继续哭闹下去）。

2. 温和地引领。平静地说些这样的话："听起来你不太舒服，但我很难理解你到底哪里不舒服。请你用正常的声音告诉我。"你还可以就事论事地补充一句："你的哭声让我耳朵受不了。"

如果孩子仍然止不住哭闹，转身去做你之前做的事情，过一会儿再试一次。或者，你可以问孩子几个问题，问他到底想要什么，并提醒他用正常的声音回答你。

3. 休息、吃、喝、安慰。哭哭啼啼的孩子并不是处在他们最好的状态，通常是由于这里列举的事情做得不够的原因（例如没睡醒、肚子饿、口渴、害怕）。记住，学步期儿童正在迅速长大、易于疲倦，甚至还没等他们意识到自己饿了，就先出现了低血糖的症状。另外，他还正在长牙齿，这必定让他感到不舒服（而且会干扰他的睡眠）。

4. 哭闹的孩子可能正处在情绪大爆发的边缘。哭闹也许是一个信号，表明他强烈地感受到了沮丧、失落、悲伤、生气等情绪，需要表达出来。如果他表露了这些感受，欢迎他表露，同时允许这些感受彻底地释放出来（只在那一刻，并且一如往常），之后，孩子可能不再哭哭啼啼了。

5. 给予集中的、积极的关注。即使是刚出生的婴儿也知道我们是不是全心全意地关注着他们，同时，尽管我们整天都对他们全神贯注，依然满足不了他们的需要。正如玛格达·格伯在《你那自信的宝宝》（*Your Self-Confident Baby*）一书中描写的那样，我们的孩子需要定期接收这样的信号："你很重要。你现在是头号重要人物。"

玛格达鼓励父母利用给孩子喂饭、洗澡、换尿片、穿衣服等一些自然而然的机会来给予一对一的关注。她还建议父母留出一些"什么都不想"的高质量时间；在那些时候，允许孩子发起一些活动，父母在一旁看着，在孩子请求父母的时候，给予支持、响应和参与。

遗憾的是，无论我们给予孩子多大的关注，当他们发现我们没有看着和听着他们时，仍然会哭哭啼啼。但如果我们并没有鼓励他们继续这种哭闹，过一会儿他们便会停止哭闹。

第15章

咬人、打人、踢人

我们是大人。他们是孩子。他们正在学习我们对合适行为的规则与期望。从发育的角度看，孩子需要表达自己的意愿，而且几乎不能控制自己的冲动。如果将这些复杂的、难以忽视的因素考虑进来，那么，我们为什么要认为，学步期儿童打人、咬人、抗拒或拒绝配合的行为，只有自家的孩子才会有呢？

面对孩子的这些行为，我们的怒火一触即发，变得愤怒、沮丧或害怕。我们也许没能从正确的视角来看问题，发现自己也像个孩子一样，和一个只有我们膝盖那么高的孩子死死地扛着，互不相让。我们可能有种想去斥责他、打他或者回咬他一口的冲动，或者打算通过严厉地发号施令、以给他一个教训的名义羞辱或惩罚他，以便重新控制局面。

或者，我们也许走上极端相反的方向。害怕和孩子的狂暴情绪对抗，或者担心我们自己大发雷霆，于是做出让步。我们对孩子让步、犹豫不决、含糊其辞或者惴惴不安。也许我们还恳求孩子，或者自己大哭一场，让孩子对我们感到愧疚。

虽然这些响应似乎在不期望行为发生的那一刻是有效的，但最终会使事态越来越糟。我们的紧张（孩子总是看得十分清楚，因此，千万别以为他们感觉不到我们的紧张），可能将一个短暂的试验或者一种冲动的行为转变成一个习惯性的行为问题。当孩子赖以依靠的引领者失去控制时，他们能感觉到，这会让他们缺乏安全感、觉得父母过于强势。惩罚制造了恐惧、怨恨和不信任。另外，我们不愿意设定清晰的界限，也可能导致不舒服、没有安全感，并且使得孩子更多地试探。我们表现出的脆弱则在孩子心头制造了负罪感。

最终，这些响应都不会奏效，因为它们没有解决孩子们通过不当行为表达出现的需要：帮助。

当孩子的行为出格时，他们需要我们的帮助。就这么简单。但我们怎么帮助他们？

明确视角、摆正态度。如果把孩子做出的令人不高兴的行为视为他在请求我们的帮助，那么，我们该扮演什么样的角色，该以怎样的方式来响应，会变得清晰得多。作为经验丰富的、成熟的成年人，这意味着不受孩子行为的影响（而不是深陷其中），并且伸出援手。

当我们反复地提醒自己，孩子的那些在我们看来是挑衅的行为，只不过是他发出的求救信号，那么，我们开始发现，如果以为这种行为只有他才有，该多么荒谬。我们意识到，如果我们对孩子说"我做的一切都是为了你，你怎么能这样对我？！为什么你不听？"类似这些话，是一种多么可笑的反应。正确的视角，让我们产生耐心、信心和从容不迫的气度，这些都是我们为孩子提供帮助时需要的。

接下来，我们和孩子沟通，并且遵守诺言。对他说，"你很难不再打人，因此，我会抓着你的双手，帮助你停下来。"这可以是我们的思考过程，也可以是我们对孩子说的话。

或者，我们还可以说：

"我不会让你打人。你这么生气，那么，当你想玩手机的时候，我得把我的手机拿开。我确定我会这么做。"

"我不让你咬我。那很疼。我会把你放下来，让你咬一些可以咬的东西。"

"你可以自己进屋吗？还是需要我的帮助？看起来你需要帮助，那我会拉你进屋。"

坚实的依靠。我们帮助自己的孩子，然后允许孩子在回应中爆发情绪，因为他还需要那些情绪爆发的帮助。他们需要的是坚实的依靠。也就是说，在他们安然渡过这一风波的时候，我们必须表现出耐心与同理心。当风波过去时，他们需要我们承认他们的感觉，原谅并理解他们，然后还要忘了它。

毕竟，我们怎么能对一个根本还没有发育到能够控制自己冲动的人怀恨在心呢？

这种想法将我的思绪带回了我自己家里最近发生的一件事情上。当时已是晚上10:45分，我穿过走廊，提醒我那个十多岁的孩子应该睡觉了。进门后，我吃惊地看到，平时会在晚上9点睡觉的孩子，正大步向我走来。起初我以为他可能朝卫生间走去，但接下来，他说了一些我无法理解的话："咕哝，咕哝……看电视。"

"什么？"这让我大感震惊，原来他在梦游。我们家里人都记得，我的孩子有在睡梦中说话或大喊的习惯，这让睡在他隔壁房间的姐姐和妹妹感到十分好笑。他经常在床上坐起来，说一两句话，但晚上梦游的情况只是偶尔才有。

"给我看电视。"他又说了一遍。这次我懂了……稍稍地懂了。他看上去一脸的困惑，面无表情，随后他蹒跚着走向楼梯，边走边说，"这完全没有意义。"

"噢，不……你得回床上睡觉。"我试图挡住他，他和我扭打起来。我们扭在一起。他虽然个头小，但身材结实、肌肉强壮，即使是在睡梦中，对我来说也是个很强大的对手，但我最终设法把他弄到他自己的房间，让他躺在床上，没多久，他再次平和安静下来，沉沉地睡去了。

一个十岁的梦游的男孩，与行为稍稍出格的学步期儿童有什么关联呢？

学步期儿童非常清醒，有他们自己的意识，但他们的行为并非出于故意。他们的自我控制能力跟我儿子在梦游时的自我控制能力一样低，而且和我对待自己儿子一样，我们也需要自信地、不带任何愤怒地处理好他们的离谱行为。

从容的响应。我曾通过电话为一位母亲提供咨询服务，最近她打电话告诉我，她对我在第 12 章中描述过的"从容"（unruffled）这个词深有体会。这位母亲时时刻刻都"从容不迫"，不论她那正处在学步期的孩子如何挑衅她。由于她有一个新宝宝，而且孩子需要适应人生中的巨大转变，因此她得设想自己十分从容。不过，如今她不用那么做了，因为她那从容不迫的回应已经帮助孩子迅速度过了这个艰难的阶段。

我们不可能假装从容的样子。和优秀的演员一样，父母必须有这样的信念。坚信自己应该从容。当我们保持一种切合实际的视角，并且采用"我们是大人，掌控着局面，我们的孩子尚小，管教等同于帮助"的态度时，便会获得这种信念。

另一位妈妈发来的信息让我会心一笑。

亲爱的珍妮特：

你好！

我那 16 个月大的儿子杰米开始打人——特别是会打我。他似乎纯粹出于好玩儿而打人。也就是说，他并不饿、不困，也没有感到失败。相反，他似乎对人们发出的"哦"的一声惊叫感到十分兴奋，总想激起别人的尖叫。他想打我的脸时，高兴地叫着"噢！噢！噢！"一直笑个不停。有时候我觉得他还是蛮可爱的。

到目前为止，我试过许多办法来阻止他打我，比如，对他说"我不让你那样做"和"不要"，并且轻轻地抓着他的手。同时，我板着一副脸，不挂一丝微笑，但我并没有感到情绪化或者恼怒。

他也许还没有形成同理心，因此，依然在一而再再而三地打我，如今还想打我们家那只 19 岁的老猫。

除此之外，他上个星期还碰到了我的眼睛——当我感到真的很疼时，要做到不愠不恼，实在是很难。你有什么建议吗？

和许多敏锐的学步期儿童一样，杰米敏感地知道妈妈的这些表现达不到标准。尽管妈妈板着脸，但他根本不怕。他只想听到妈妈喊"哦"要的全部。他知道别人还会说更多的"哦"，他已经战胜了自己的妈妈，这令人兴奋。

作为妈妈的珍妮弗必须相信，这根本就不是什么大事。她必须绞尽脑汁地思考对策，同时要轻柔但坚定地阻止杰米再打她。她绝不能把这件事情当成一个严重的问题来看待，要把小家伙的这种行为看作完全没有威胁的，但得停下来。当前，她稍稍有些入戏了（这也是她承认很难不对自己迷人的孩子做点什么的原因）。

从容不迫的、有益的态度的好处在于，它使我们的孩子能够放轻松，知道他的父母"会生气的"。一旦我们保持这种态度，孩子便会知道，我们不会由于他的不当行为而太过慌张。他会确信自己是有坚实依靠的——那便是能够以相对轻松的神情来处理任何事情的耐心的"老师"。

知道了这些，父母总能帮助孩子处理一些孩子自己无法处理的行为，而且，他们在和父母对抗、犯错误、成长以及学习时，既感到安全，又有信心。

> 学步期儿童挑战界限，是为了发现关于他们自己和别人的界限是怎样的。当他们挑战我们的界限时，要以坚定的但尊重孩子的方式来阻止他们，帮助他们弄懂他们的世界，让他们感到安全。
>
> ——埃里恩·范德赞（Irene Van der Zande），
> 《1～3岁幼儿行为培养指南》(1, 2, 3...The Toddler Years)

第16章

不好好吃饭

　　大多数父母意识到，健康的饮食对学步期儿童的茁壮成长十分关键，并将为孩子提供有规律和有营养的一日三餐作为首要任务。但是出于多方面原因，孩子对我们的良苦用心和一片爱意并不会总是领情。

　　如果孩子不吃，我们很容易感到挫败。此外，我们也很容易以为，这就是他一个人才有的行为。然而，我们越坚持，孩子越抗拒。

珍妮特：

　　你好！

　　我希望你可以给我妻子和我提一些建议，因为我们最近拿我们一岁半的女儿特莎的吃饭问题没办法。

　　一年前，当我们把做好的饭菜放到女儿面前时，女儿很热情地接过去，吃光所有东西。我妻子拼命地给孩子做吃的，把有机蔬菜碾碎，做成婴儿食品。女儿都喜欢。后来，我们又增加了一些火鸡肉、鸡蛋和其他食物。特莎仍然像以前那么喜欢。

　　然而最近几个月，她吃得没那么多了，变得非常挑剔。我们搞不懂女儿到底怎么了，要知道，她曾经总把所有食物一扫而光。今天的中饭，我给她做了炒鸡蛋、四季豆，还有奶酪。鸡蛋是她最喜欢的食物之一，没想到她尝了几口后，马上吐了出来。我耐心地等待，不断地鼓励，并告诉她，她以前很喜欢吃鸡蛋。过了大约五分钟后，她夹了一块放到嘴里，但仍然马上吐了出来，然后把整个盘子里的食物都倒在地上。

　　就这样，孩子的吃饭时间变得越来越像这样的"战斗"了，让我和妻子感到"心累"。上星期我们到波特兰旅行，每顿饭的吃饭时间都成了我们的噩梦。到最后，我们只得叫外卖，在酒店房间里吃。

　　特莎正在长牙齿，我觉得可能是她不愿意好好吃饭的一个原因，因此我也宁愿让她休息一下，并给她换一些不同的食物，但如今我担心这会使她养成习惯，所以请你给我们一些帮助。

　　谢谢你，珍妮特！

克里斯

克里斯：

　　你好！

　　我喜欢学步期孩子。他们开放、精明、敏感、有很强的直觉，从我们把他们抱在怀里的那一刻起，我们便离不开他们，如今我们必须去努力发现他们到底有多聪明。

　　首先，我猜想你们已经做了：先带孩子去看看医生，排除掉任何可能的健康问题，特别是如果你女儿出现不正常的体重减轻或者没有适度长胖的话。但是，即使她的消化有某种问题，你们也应当让吃饭的时间恢复成和平与舒适的时间，一家人都专心吃饭，互相关心，而不是大人和孩子冲突。我猜想，你们面临的状况可能是这样的……

　　你们很疼爱孩子，看重健康的食物，并且"拼命地"让她吃天底下最好的东西，而你女儿特莎起初吃得津津有味，这让你们感到自己的付出没有白费。在吃饭时，美味的食物不但让你们一家三口显得更加和谐，而且对每个人来说都是完全的成功。这是你家的幸福时光。

　　接下来，某些状况出现了。你猜测的和我猜测的一样（甚至比我猜想的更好）：你女儿可能正在长牙齿，感冒了，或者口味变了，又或者这仅仅是一段成长期，在此期间，特莎的食欲不像往常那么强了。孩子吃得少一些的时候，往往正在经历某些成长阶段。

你女儿的这种变化导致你和妻子稍稍有些担忧，而你女儿的触角感受到了这种氛围（学步期儿童用他们的第六感不难察觉到父母的情绪变化）。她感到你们对她和她的吃饭问题有一些紧张。

与此同时，由于她确定自己是父母的最爱，于是开始像两岁孩子喜欢做的那样，试探父母设定的界限，追求独立性，想要自主权和控制权，想根据自己的意愿行事。这很有趣。孩子的这个成长阶段对父母来说是一个考验。父母要在实践中找到与孩子相处的健康的平衡点，但是对于你女儿特莎来说，她就是要跟父母对着干，并且维护她自己的小小主见。应该说，她在正常地成长。

吃饭是特莎控制和需要控制的一个方面。只有她本人才知道自己什么时候饿，什么时候饱。她得根据肚子发出的信号决定吃还是不吃，并且想要相信自己。后来，她觉得吃饭时间变得有一点点"过载"了。她并不是想折磨你们；她只是在感受她的权力，并且在扮演着自己的角色，即抗拒在她看来有压力的任何事情。

为帮助你们和女儿的"吃饭之战"停火，我在这里提几条建议。

不要投入太多的感情，也不要期望太高。降低你们对特莎吃饭时间的期望。（在你们经历过最近的一些挫折之后，这也许是不言自明的道理！）这并不是你或你妻子像马雷欧·巴塔利[⊖]那样为孩子精心准备食物的时间，你们也不必让自己觉得失望和感到不被孩子领情。不要在孩子面前表露你们的挫败感，要保持轻松。

由于你们都是正常人，所以在吃饭的时候，你们也许不知不觉地表现出了自己的期望。当我们在数星期的时间里一直忙于应付孩子的抗拒时，无论是涉及吃饭、换尿布、睡觉或者其他任何事情，都会不由自主地表现出焦虑的神情，这可能使事情变得更糟糕。由于学步期儿童感受到了我们的感觉，因此最好的办法是把前面的事情一笔勾销，并且透露出自信和平静的神情。同时，这还有助于……

缓和我们的反应和反馈。当心，别话里有话。让吃饭这件事情只是你女儿和她的肚子之间的关系。她吃得好，不要太兴奋；吃得不好，也不要失望；不要哄骗或鼓励她。当前和今后一段时间，注意不要给特莎留下这样的印象：她吃得多或少，对妈妈、爸爸或者其他任何人都能产生影响。

相反，我们要保持中立，鼓励她着重关注她自己的生理需要，也就是她的食欲和饱腹感。这要求我们放轻松一些，既控制自己的热情，又控制自己的担心。由于学步期儿童非常非常聪明，能够读懂我们脸上的神情，因此我们甚至都不要去提醒她说她原本喜欢吃

⊖　Mario Batali，1960 年出生于美国华盛顿州西雅图市，是美国知名厨师，目前以 1300 万美元的收入跻身世界厨师薪资排名的前列。——译者注

鸡蛋，哪怕是温和的提醒都不要有。因为这样一来，她便能感觉到我们想让她做什么。相信这一点。

在我的培训班上，有些父母带着他们体重不足的孩子前来上课，其中有位母亲甚至听到别人说她的孩子生长迟缓。想象一下，当我们把食物摆在孩子面前时，要保持中立并且不担心孩子，该有多难。另一位妈妈意识到，最好的办法是把东西放在房间里，只要有可能，让处于学步期的孩子的姐姐带她一起吃，到后来，她总算长胖了一些，妈妈再也不用表现出紧张的神情了。我不建议采用上面这些方法，之所以描述它们，只为了例证我们对孩子有多大的影响。

给孩子一些选择，并且给相对较少的分量。你觉得特莎会吃多少，那就给她做比这更少的东西，例如做三四样食物，每样食物的分量都很少。把其他食物放在旁边，做好她会吃的准备。让她随着性子吃，能吃多少就吃多少，如果她吃完了还要，再端一些来。她选择吃哪些以及吃多少，必须由自己掌控。

一定要让她知道，当她发出了已经吃完的信号，比如放慢了速度，开始摆弄食物，或者把食物扔到地上时（保持淡定），那么吃饭时间就结束了，这次再也不能吃了，只能等下一顿饭或者下一次点心时间。这并不是惩罚。这是给她自主权、选择和界限，并让她知道后果，这些都是她需要的。

如果特莎在吃东西的时候行为出格，努力不让你自己生气或烦恼。保持冷静，温和地说些类似这样的话："嗯哼。你在吐口水了。你一定是告诉我你吃完了。"接下来，坚定地把食物端走，并且和蔼地把她从椅子里抱出来。总是把你下一步将做什么告诉她。

把高脚椅子改成专为幼儿设计的桌子、椅子或者小凳子，能够奇迹般地消除父母和孩子之间围绕吃饭问题展开的争斗。[参见我的网站上的"具有良好餐桌礼仪的婴儿"（Babies With Table Manners），那里有关于这些问题的细节和简短的视频演示。]

放手并信任孩子。美国知名畅销书作家、全球著名励志导师玛丽安娜·威廉森（Marianne Williamson）曾说过的"信任"和"放手"对父母来说也应当是经常性的主题，而且父母们总是很难想出怎么做到和什么时候做到。有时学步期儿童感到有压力，因而胃口大降，但他们一感到饿了，又很想吃。表达你的信任，即使特莎偶尔有几顿没有吃饭也不要紧，她很快就会回归正常的，然后继续在其他的方面试探。

祝你孩子胃口好！

第 **17** 章

蛮横无理地顶嘴

珍妮特：

你好！

我的女儿玛德琳快两岁半了，最近我几乎拿她没办法了。我曾在婴儿护理行业工作过，在她还没出生时，就练习过你的方法，因此我对孩子们都运用你介绍的方法。到目前为止，我女儿玛德琳一直在平和、耐心、鼓励与尊重的家庭环境中长大。

玛德琳是个容易相处的孩子，很有同情心、很快乐，而且很独立……近乎完美。不过最近，她开始"顶嘴"，而且很显然，她仿佛在按一个按钮，按下去之后我就会感到非常气恼。当我（或者我丈夫）试图告诉她什么事情时，她就会和我们争辩。我们之间的争辩甚至到了这样的地步：我真的不知道该把这场争吵引向什么地方，到最后才发现，这原来是一场争论或者角力。例如，格兰派正在卫生间，玛德琳站在门外朝他大吼。我对她说："玛德琳，格兰派刚刚进去，很快就会出来的。他需要一些隐私，不要再对他高声吼叫了。"她开始回过头来朝我喊道："不！不，他不需要隐私！"

她用玩具打我（我想，这一半是故意的，一半是无心的吧……），我告诉她："哦！那好疼。我不喜欢。"她（十分愤怒地）回答："我就要打！"当我对她表达我的感觉时，通常遇到她这样回答——她总跟我反着回答。

我理解，这段时间她想要独立，她正在学会怎样做她自己。我也懂得，这对她来说是一段充满冲突和困惑的时光，因为她想独立，却仍需要我们。我们总是给她大量的空间、时间和选择，因此，这对我们来说是一个新的状况。我真的不知道怎么做。

丽莎

丽莎：

你好！

首先，我先来确定你面临的问题。你的问题是这样：女儿开始"顶嘴"了，而且很显然，她就像在按一个按钮，按下去之后我就会感到非常气恼。玛德琳还会继续按下那个按钮，因为它管用——她的顶嘴会气得你七窍生烟。解决的办法非常简单：让这个按钮失灵。那样的话，她的行为便会失去效力。

我知道，这也许不像听起来的那么容易，甚至对你来说不合适。没错，你女儿的行为粗鲁，但如果这样对待你的不是你那两岁半的女儿，换成另外一个人，他就真的冒犯你了。当然，这是你的富有同情心、近乎完美的女儿，你喜欢她、尊重她，但这个事实使你觉得她无礼恶劣到了极点，令你感到震惊和警醒。你的脑子里肯定有一连串的问题：她怎么敢这样？我的宝贝女儿到底怎么了？这种可恶的行为是谁教的？怎么来阻止？

如果你是一个欠缺同情心、不太知道育儿知识的母亲，你可能会打她的屁股，或者对她进行"隔离"以惩罚她；但由于你懂得尊重孩子、开明豁达，我建议你采用一种有效得多的方法：调整你的视角。

这里一定有你需要的好消息，请认真听好。想一想以下这些。

1. 如你知道的那样，学步期儿童要测试他们的权利，表达他们的个性，试一试周围的东西。玛德琳的行为完全是正常的、合规的。

2. 学步期儿童常常和我们对着干（不管是什么事情），以表达他们正逐渐萌生的独立性，玛格达·格伯过去常讲一个孩子的故事，那个孩子首先对她父母大吼"不"，然后急切地从父母手中接过甜筒冰激凌。

违抗父母几乎是学步期儿童的自动反应，因此当我们说"是"的时候，学步期儿童总有着极其强烈的冲动说"不"（反过来也一样），无论他们到底是不是那个意思，总是脱口而出。这跟她个人无关。

3. 玛德琳在说话！

4. 她有强烈的主见，并且对自己的主见亦有自己的看法，有些甚至比较古怪，显得不恰当。但事实上，她在以这种方式表达自己是个果断而自信的女孩。

5. 我通常不会拿年幼的孩子和可爱的小动物作比较，但当我想到学步期儿童试探他们的权力时，仿佛看到大猩猩在拍打着自己的胸脯，并大声叫着"喔，喔"。此时此刻，他们觉得自己很强大。

6. 她是在家里测试自己的那些行为，她知道这是一个安全的、充满爱的、通常对她很宽容的地方，这意味着你把她培育得很好。

7. 她很小，还只有两岁半。我想象你和你丈夫比她高得多，并且至少……比她大 20 来岁，对吧？换句话讲，不要以为只有玛德琳一个人会对父母大声叫喊和顶嘴（别的小孩都会这样），或者不要因为小女孩的暴怒而感到一丝丝威胁。把她的行为当成是健康的试探，并且加以克服。

以下是对你给我介绍的"格兰派在洗手间"的例子给出的一些建议。如果你女儿"再来一次"，建议你这么做。

你女儿在朝格兰派大叫，要他快些从洗手间出来时，听起来你开始感到一点紧张了，但你要努力保持冷静。你觉得你的语气是怎样的？你看起来镇定自若、毫不紧张吗？

退后一步想。有没有可能，你那显得有点霸道的女儿此时很想跟格兰派玩，觉得她可以足够强势，把格兰派快点从卫生间里叫出来呢？我知道，如果是我的孙女这样做，我会感到受宠若惊。因此，如果我是你，我会轻声对玛德琳说："有人很想跟格兰派玩了！玛德琳，我觉得格兰派已经听到你喊他了……他也许还要过一会儿出来。"我会只说这么多。

除此之外，难道格兰派不能自己处理好这件事吗？

当玛德琳拿玩具打你时（倘若你不会因为她对待格兰派的行为而感到生气，也许这根本就不会发生），你的反应就像树起了更多的按钮，引诱她更想去按。可能最理想的情况是在她打到你之前就阻止她的行为。如果没来得及阻止，那么等她打到了你之后你说"哎哟"，这也没有错，而且如果你不是很生气，也可以轻轻说一句"你打疼我了"。但是，当你又加了一句"我不喜欢"时，就稍稍有些把她的行为个人化了。

不管你相信不相信，你多说的这几个词足以向玛德琳表明，这个小小的事件具有让你感到烦恼的威力，但恰好在这个时候，她需要的就是安心地知道，你正在自信地掌控局面。因此，你多说了那几个词以后，她会用她那种好斗的反应来继续胡乱按"按钮"。

当孩子这样做时，仿佛是在说："你能处理好这件事吗？你能管好我吗？请向我证明你可以轻松地管好我，好吗？"

以下是另一些用来应对蛮横无理和顶嘴的轻松反应（但并不是挖苦）。

"嗯，我猜我们在这件事情上并不一致。"

"呃……谢谢你说出你的想法。"

"你看起来对（格拉派离开卫生间，或者其他的事情）有着很强烈的感觉。"

在你疑惑不解的时候，总可以说一句"很有趣！"

因此，请退后一步思考和反应，并且减少你的担心，享受女儿的成长！

第18章

父母不再感到被威胁

　　有些孩子表现的行为更加具有挑衅性，我在给他们的父母提建议时，有时候会说，我希望全面公正地看待父母与孩子之间变化无常的关系。我不愿把这条建议放在我的网站上分享，是因为我担心人们可能误读它，但我也听说许多父母在他们的孩子挑战界限和"按下按钮"时很难做到专注与平静，因此我决定冒险和大家分享我的应对方法的主题词：泰迪熊行为。

　　我知道，泰迪熊是物品，小孩子绝对不是。我随后会解释，但首先介绍一点点背景……

　　我们的孩子生来就有感知能力，跟你和我一样感觉敏锐，因此，我们首要的任务是和他们建立起正常的人与人之间的关系，也就是真诚的、关怀的、尊重的、充满了无条件的爱的关系。

然而，所有孩子都会表现出一些冲动的和不理性的行为，特别是在他们的发育期，当他们需要抗拒我们，以便测试一下他们的"翅膀是不是硬了"的时候（就像学步期儿童和十几岁的孩子那样）。因此，当这些小小的"人"可能表现得不尊重、伤害他人或者粗鲁无礼时，我们应该怎么来尊重他们呢？

有人可能认为，年幼的孩子只不过是一些毫无思想的小动物（这可以解释"驯服你的学步期儿童"之类的建议，那些建议包括分散注意力、运用诡计、哄骗和其他带有操纵性的干预方法）。这样一来，我们容易将他们的行为理解为对我们个人的冒犯，或者我们害怕自己采用了某种错误的方式，导致教育孩子失败，没能教他们恰当的行为或者尊重他人。

在愤怒、失败、害怕或者负罪等情绪的触发下，我们在对孩子的行为做出反应时，可能反而促使他制造更多的挑衅行为。确实，孩子在反复地试探我们的界限时，常常会引出刚刚介绍过的这些反应。这正是保持镇定和专注十分重要的原因。真的十分重要。

让自己平静下来，最容易和最确定的方法是从全面客观的视角来观察，这可能意味着提醒我们自己，孩子在我们面前哭闹和打人，他充其量也只是一个两岁半的孩子。她需要我们容忍她的哭闹，阻止她的打人，但如果用愤怒或者困惑来作为反应的话，最起码会让她感到不安。

因此我建议，遇到孩子这类行为时，父母要把他们的行为当成逗人喜爱的和良性的行为来看待，就像泰迪熊那样。

泰迪熊行为包括偶尔地打人、踢人、咬人、喊叫、哭闹、拒绝遵守指令、抗拒、拒绝、"我恨你"（以各种形式），还包括脾气暴躁的青春期孩子仿佛拿着显微镜观察你的一言一行，指责你说过的每一句话、做过的每一件事和穿过的每一件衣服。这是与年龄相适应的，而且一定十分恼人，但基本上是无害的。如果我们认为泰迪熊的行为就是一件小事，并且适当地予以反馈的话，那么这种行为真的就是短暂的，不会发展为慢性的、危险的、有害的行为。

泰迪熊行为由以下这些因素激起。

- ◎ 孩子的某种需要，他们需要放心地知道我们在温和地引领他们
- ◎ 压力、饥饿、疲惫
- ◎ 害怕、悲伤、愤怒、挫败感——所有孩子都需要我们帮助他们表达
- ◎ 感到无助、被忽略、缺少爱
- ◎ 在过渡期产生的情绪：新增添了一个兄弟姐妹、搬了新房子、第一次上学、转学，或者其他各类转变
- ◎ 发育的阶段和转折点
- ◎ 两岁和青春期是典型的泰迪熊行为高发期，但四岁、六岁和青少

年早期（九岁和更大一些）也可能是泰迪熊行为高发期

当我们按以下方法来处理时，容易消除泰迪熊行为。

- 不会感到受威胁，深呼吸、表现出信心，让威胁感离我们远远的
- 只要有可能，就要防止泰迪熊行为（方法是给孩子一个安全的探索空间，例如让他不能轻易拿到记号笔，或者家里不买白色沙发）
- 平静地、清晰地、提前地设定界限
- 承认所有的期望和感觉，并鼓励孩子表达它们（"你感觉像是要扔那个玩具卡车。我不让你扔。那不安全。你是不是对爸爸出门上班感到很烦恼？你有时候在他出门的时候很想他。瞧，那里有一些安全点的玩具，你可以去扔。"）
- 领悟那些需要，并且尽我们最大的努力去满足他们

理解泰迪熊行为，从来都不是意味着真正把孩子当成泰迪熊，将他们物化，也不意味着以高人一等的姿态跟他们说话，运用盛气凌人的词语和故意讨人喜欢的声音。孩子是完整的人，总是值得我们的尊重和真诚对待。

不过，不论孩子的年龄多大，一旦泰迪熊行为平息了，他们也许想要一个拥抱。

第**19**章

不要与感觉作对

在育儿方面，有一种最具讽刺意味的、与我们的直觉相反的现象：我们越是欢迎孩子的不高兴，我们的家庭就越幸福。

对我们的孩子以及我们自己来说，完全接受他们的负面感觉（请注意，我并没有说"行为"），相当于献给他们和我们自己一份最大的礼物。我们要在育儿岗位职责描述中删除"抚慰""纠正"和"控制"孩子的感觉，而用"接受""承认""支持"等取而代之，那样一来，父母和孩子都会得到回报，也将体会到身心自由。

放下我们自己的激烈反应，并且耐心地允许孩子去感受，可能极具挑战性。然而，经过一段时间的实践，这可以变得更加容易。

做好以下这些至关重要。

- 成功地设定界限
- 少点争斗，多点平和
- 孩子的情绪健康和治愈
- 相互信任
- 与孩子建立紧密的关系
- 引领孩子做灵活的、安全的、真诚的孩子

珍妮弗允许我分享她给我发来的信息，信息中描述了她个人的"胜利"。

珍妮特：

你好！

我想对你表示感谢。几个月前，我看到了你的博客。关于育儿的所有难题，你都十分熟悉，你的建议和提醒真的极为宝贵。

我儿子今年7岁，女儿今年2岁。我和儿子相处出现了一些问题。有时候，我不得不从他手里拿走什么东西，对此我常常感到愧疚。我们很容易想到去恐吓一个小孩子，但对我那7岁的儿子，这一招不灵。我试过许多不同的方式和方法，但似乎都不奏效……然后，我看到你的博客文章了，我觉得终于找到了我需要的东西！

我最喜欢的书是约翰·格雷（John Gray）所写的《来自天堂的孩子》（*Children Are From Heaven*）。我喜欢书中介绍的所有秘诀，除了"隔离"。这种方法在我看来是错误的，但我不知道用什么方法来替代。用"隔离"的方式来处理孩子发脾气，就是把他关在自己的房里，然后靠近房门，暗中听听里面的动静。我觉得这是很怯懦的行为……但我从来没有想过的是，要在他大发脾气的时候走近他，和他坐在一起。我儿子可能会为了芝麻大的事情突然生气，指责我所有事情都做得不对，并且对我说些难听的话。我经常被他激怒，也和他对抗起来，两个人互不相让，高声叫喊……看起来"隔离"对我没有任何帮助。

如今，我试着照你所写的方法去做，就在今天，我取得了第一次重大胜利！不是对我儿子，而是对我自己。

今天，我保持镇定，在儿子发脾气的整个过程中，我自始至终平静以对。我听他说那些难听的话，然后不停地对我自己说："他真的累了，而且因为我不让他看动画片而感到气恼。"我让他放心，他可以有那种愤怒的感觉。当他疲惫了、丢东西或者打人的时候，我会抱着他，对他说，我不让他那么做。

这有点没完没了……但我就是镇定自若，不回应他的指责，并且和他待在一起。

有意思的是，我和儿子在相互对抗时，我女儿通常恨透了这样的场景，但这一次，她也保持平静，只是在一旁玩她的，仿佛什么事情都没有发生！正当我以为这种方法也不管用时，我儿子突然抱着我说："妈妈，对不起，我不想再和你争吵了，请原谅我！"

我赢得了这场针对我自己的战斗，如今和儿子的相处容易多了。我知道这管用，我知道怎么做。真正要做到这一步并不容易，但很值得。

珍妮特，非常感谢你！我儿子不是学步期儿童，我想，在他的学步期，我一定给他留下了不小的伤害，好希望我现在能够弥补那些伤害。由于有你这样的育儿导师，我和孩子感到幸福，谢谢你提供的宝贵指导！

祝身体健康。

珍妮弗

第20章

扑灭孩子的怒火

　　这件恼人的事情发生在点心时间。在我们的婴幼儿资源中心育儿培训班上，只要孩子能够走路，并且可以独立坐着了，我们都给他们安排点心时间。孩子们总是可以自由地选择是否吃点心，没过多久，他们马上便学会并喜欢上了这项日常活动。

　　我们要求孩子围着点心桌坐一圈，或坐在地板上，或坐在凳子上（这要求孩子能够走路，并且可以坐在稍高一些的桌子面前）。我们请孩子洗好手、挑选好围嘴并系好，在吃点心（香蕉）的时候，想吃多少就吃多少，而且吃完以后不能离开，仍然坐在自己的位置上。我们会温和但坚定地防止他们拿着点心四处走动。

培训班的孩子只有一岁或一岁零一个月大，我们的点心时间大约成功地推行了六个星期，但有一天，空气中仿佛弥漫着某种氛围，因为所有的学步期儿童都疯了似的在考验着我：一会儿坐下，一会儿站起来，然后还爬到点心桌上去。仿佛孩子们都在参加一场叛乱。

丽莉的反应格外强烈和持久，令我感到震惊，因为这明显与她的个性不符。她一直是个平静、温和、优雅的孩子。

丽莉一次又一次地爬到桌子上去，并且必须在别人的帮助下才能下来。如果给她一个选择，"你自己下来"，相当于白费口舌，因为她那天明显"不受自己控制"，而且仿佛有某种狂热的意图驱使她一直这么闹。

我无奈地反复对她说："你想爬到桌子上去，但我不能让你这样做。我会帮你下来。"

最后，丽莉的妈妈问我，看她能不能过来帮帮我，因为很显然，丽莉在不停地爬到桌子上去时，我根本没办法照看其他的孩子。

我看到丽莉的妈妈也是一副不知所措和忧心忡忡的样子。她说："嗯，……也许丽莉是感到糊涂，因为在家里，她挨着她姐姐坐，坐在凳子上。"

我突然开始怀疑自己，沉思了片刻。她难道是错把桌子当成凳子了？这看起来不可能。丽莉是个足够聪明的孩子，不至于那样弄错。

随着丽莉的母亲接手，不让丽莉再爬到桌子上，丽莉开始变得越来越烦躁，开始尖叫、哭喊，似乎完全崩溃。看得出，这让她的妈妈也恼火不已。我问丽莉妈妈："她以前有过这样的时候吗？"她说没有，看起来很焦虑。我感觉她认为丽莉是真的想吃东西，可能希望我改变一下吃点心的规则，以便稍稍顺应一下丽莉。我也确实想过像丽莉妈妈这样做。于是，我开始严重怀疑自己。

这种持续的哭闹和挣扎维持了大约五分钟后，丽莉终于平静下来，和她妈妈一同坐了一会儿，然后开始玩起来，一口香蕉都没吃。

虽然丽莉看起来没事了，但我仍感到不舒服，因为我知道，丽莉妈妈目睹这个场景，内心一定感到不安。过了几分钟后，丽莉妈妈好像突然意识到了什么，对我说："最近五个星期，我们整个家族的人都和我们在一起……那很有趣，但是给她带来了干扰和压力。也许……"

啊哈！原来如此。也许温柔可爱的小丽莉内心有一些她自己不知道该怎么处理的感觉，需要释放出来，而婴幼儿资源中心这种治疗式的"欢迎孩子释放所有感觉"的环境，再加上我们耐心地、持续不断地坚守界限，使她能把那些不好的感觉都发泄出来。

年幼孩子是自我治愈的天才。你是否注意到，有时候他们发脾气是为了表达一种刚刚冒出的不舒服感觉，比如疲劳或饥饿。不过

还有些时候，他们内心已经积压了太多的感觉，似乎要故意地并且
（看起来）不讲道理地挑战我们的界限，以便我们不答应他们，这
样一来，他们再顺势打开安全阀来释放这些情绪。但这个过程，只
有在我们设定、坚守界限并勇敢地承认他们的感觉时，才对他们
管用。

　　丽莉这次的经历向我反复强调了一个深刻的道理：我们必须信
任孩子的自我治愈能力，同时必须知道，他们的每一种感觉绝对都
是完美的。

　　接下来的那个星期，在培训班上，丽莉又做了某件她以前从没
做过的事情。只要她一进入教室，便向我的方向爬过来，把头扎进
我的怀里。在经历了一星期前的崩溃后，她似乎在向我说"谢谢"
或者"对不起"，我真的觉得那是她的感谢。

第21章

孩子的"产后抑郁"

有一次，我飞抵洛杉矶国际机场，来到行李传送带前等着取走我的行李，突然听到一阵充满愤怒的争吵。我转头看了看，发现一个三四岁光景的女孩正站在我身旁的行李传送带附近，她一身光彩照人的打扮，身穿色彩鲜艳的旅行套装——图案明亮的开裆裤、新潮的 T 恤衫，戴一副粉色的塑料的太阳镜，那模样有些电影明星的派头。小女孩似乎从她印有圆点的背包里笨拙地寻找着什么东西，而她的父亲瞪着她，生气地说道："好点儿。对妹妹好点儿！"

小女孩站在距离她妈妈 1 米远的地方，她妈妈也瞪着她，怀里还抱着小女孩的妹妹（大约一岁）。小女孩默不作声，避开父母们的怒视。她显得孤单而脆弱，仿佛是从她家里游离出来的 "问题孩子"。

如果说经常在她家里发现这个场面的话，那我们很容易猜到，小女孩对她的妹妹除了怨恨，不会再有其他感觉。

新的兄弟姐妹的到来或者即将到来，会极大搅乱学步期儿童的世界，可以说，再没有什么比这给他们带来更大的震撼了。这个事件导致家里的动态发生了改变（不论父母可能有多么清醒、敏感和关爱，都难以避免），而已经处在学步期的孩子对这种动态的变化最为敏感，也最为脆弱，他们把这一切都看在眼里，记在心里。这可能导致各种行为的改变，包括发育倒退、情绪波动，甚至更加激烈地试探界限。

每次遇到家长找我，说她们那学步期的孩子突然之间冒出了一些极端的行为问题，我会扮演侦探的角色，向家长问很多问题，以便尽可能了解孩子以及家庭的情况。在类似这种情况下，我通常会问这样的问题（猜想我当时已经知道答案了）："在过去的几个星期或者几个月里，你们家里有没有一些重大的变化？"

太多时候，我得到的答案是："嗯，我们刚刚新添了一个宝宝……"或者 "我现在怀孕三个月了……"

在这个艰难的调整时期，请牢牢记住以下一些要点。

1. 拥有合理的期望。不论家里的大孩子有多么希望爸爸妈妈再生个弟弟或妹妹，父母的注意力和感情的转变，在大孩子看来都是一种损失。他们通常会觉得悲伤、难过，有时显得愤怒或愧疚，但大多数时候，他们害怕失去父母的爱。

这种无法抵挡的混乱情绪对孩子来说几乎不可能理解，更别说清晰表达了，因此他们只能通过恼人的、有时候甚至是侵略的行为来表达自己的痛苦。他们的情绪波动可能极端化。

父母一旦发现孩子的这种不愉快，特别是当他们原本以为孩子会在这种调整期间努力做一个充满爱意、欢欢喜喜、有帮助的大姐姐（大哥哥），却没想到她（他）会如此不高兴时，常常感到震惊。孩子的这些行为一定惹得父母不高兴，但鉴于孩子正在经历情绪危机，现在的她比以往任何时候都更需要父母的爱和同理心。

2. 鼓励孩子表达他们的感觉。父母可以采用几种重要的方法帮助孩子健康地表达他们的感觉。

（1）当孩子对妹妹行为出格时，比如过于用力地亲吻或拍打她，或者跳到她旁边的小床上去，父母首先要镇静而自信地确立界限（"我不能让你……"），然后可以就事论事地问孩子："你觉不觉得刚才对妹妹很粗鲁？你是不是对她在这里感到烦人？姐姐通常会有这种感觉。我会帮你从床上下来。我喜欢你坐在我腿上，或者到我这边来。"

（2）尽可能经常地随口说到这个负面感觉的主题上来："有时候，做个好姐姐，真的很难。对妹妹或者爸爸妈妈感到生气，自己觉得伤心、担心或者难过，是很正常的。你自己也不知道为什么。

如果你有任何这些感觉，我想知道。我总是会理解你、爱你，想帮助你。"

跟孩子明说这些感觉，给人的印象也许违反直觉（难道这不会鼓动她对妹妹产生不好的感觉吗）。事实上，你越是开诚布公地接受、承认甚至欢迎孩子的负面想法与情绪，就越是给孩子清理出了大空间，让他可以对妹妹产生真诚的感情。

3. 但是，当孩子看起来很好时，为什么要给他提到这些负面情绪呢？有些孩子确实能自然而然地适应新生儿到来后的生活。为什么我们要把一个尚不存在的问题先表现出来呢？

在我看来，正在经历这种生活中巨变的孩子，比那些过于挣扎、难以适应的孩子需要更多鼓励，以帮助他们表达负面感觉。不论任何一种改变对生活的影响有多么积极，它们总是一些引起孩子害怕和损失的因素。对我们所有人来说都一样。如果不让他们解决和表达这些感觉，他们将把这些都记在心里。你的孩子可能平时表现得很乖，也许内心却备受一些负面感觉的煎熬。

4. 避免因内疚引起的评论。当父母在计划第二个孩子的降临时，朋友和亲戚通常会对第一个孩子说："哦，你一定等不及了要当姐姐了吧？"但这样一说，会开始引得第一个孩子心想，"大姐姐"才不要那么坚强呢。她会感到每个人都把注意力从她身上转移开了，对未来不确定，而且这种不确定的感觉越来越糟。她需要别人理解她的痛苦，而且让她放心，这种纠结的感觉（特别是不好的感觉）完全是正常的，或者说需要别人帮助她在内心将这些感觉转化成正面的感觉。

5. **不要主观评价**。这又涉及调整我们的期望并理解这样一个事实：孩子们挑衅的行为只是他们痛苦与疑惑感觉的外在表现。

当我们给孩子的行为贴上"不好""残忍"或者"恶劣"等标签时，孩子会以为这些评判是针对他们个人的。他们会觉得，不仅这些行为不好，而且他们本身也不好。当孩子们在这个世界上信任的和最需要的人说他们"不好"时，他们会相信这种说法，而且这种否定的影响十分深远。

6. **不为小事情烦心，从而缓解紧张关系**。第二个孩子出生之后，所处的环境与哥哥姐姐所处的环境截然不同。有哥哥或姐姐是件令人兴奋的事情。尽可能顺其自然。两个孩子在一起，更吵闹一些、更混乱一些，随他们去吧；孩子们的玩耍更多地被打闹所中断，也随他们去。在孩子们"一起玩"的时候，姐姐拿走了弟弟妹妹的玩具，只要没有造成身体上的伤害，也任由他们去。要知道，对哥哥姐姐来说，他们的这种冲动是强烈的，而且他们有时候也只是象征性地跟弟弟妹妹抢东西，并不是真抢。

许多婴幼儿并不介意哥哥姐姐从他们手里拿走玩具，但如果他们的父母介意，他们就会大哭。事实上，他们和别的孩子之间也是这样玩耍的。你越是不去重点关注这些无害的行为，大一些的孩子也就越不会想着一再抢弟弟妹妹的玩具。

7. **理解你的孩子对信任和自主权的需要。**只要有可能，请他帮忙，特别是涉及照顾弟弟妹妹时。当孩子的情绪失控时，给他一些机会，让他们感觉到独立自主，可以帮助平息他的失控。但是，如果孩子拒绝你也不要失望，因为对他而言，说"不"也是感觉到独立自主的一种方式。

8. **留出时间和孩子一对一相处。**和孩子一对一地单独相处一段时间很有必要。无论是对于刚出生的孩子，还是他们的哥哥姐姐，单独相处的时间都涉及质量，而不是数量。

每天至少留出 20 分钟时间来专心带第一个孩子（那可能意味着让第二个孩子早点上床睡觉）。那样一来，当你需要重点照看第二个孩子以及应对孩子的纠缠时，可以平静地承认："我理解，我在喂弟弟吃饭时你有多么不舒服。我知道，那对你来说真的很难。所以，我期待在弟弟睡觉以后，今天晚上我来专心陪你。你现在可以想一想待会儿我们在一起的时候你想做些什么。"

9. **试着让婴儿独立玩耍。**婴幼儿能够自娱自乐、自己玩自己的，对我们来说真是件好事，因为他的独立玩耍为父母创造了专心照看另一个小孩的机会，不会老是在两个孩子之间弄得手忙脚乱。

为婴儿的独立玩耍提供安全的、封闭的玩耍空间（对于只有几个月大的孩子，婴儿床或者游戏围栏是很好的选择），使他不需要你时时刻刻地照看。婴儿的哥哥姐姐，也就是你家的学步期儿童也可能需要这样的界限，因为他有着很强烈的冲动来打搅弟弟妹妹，以此测试父母设定的界限。

10. 尊重孩子们对界限的需要，并且做一个和他们站在一边的、镇定自若且有帮助的父亲或母亲。在这种过渡期和情绪波动时期，虽然极度的疲惫或内疚也许使我们放松了对界限的坚守，但我们的孩子仍然比任何时候都更需要我们的爱以与界限的保护。

他们需要我们不时地提醒他们，比如"在你很紧张的时候，我不希望你去碰弟弟"；或者给他们一些选择，"我在喂弟弟的时候，你要么安静地待在我身边，要么到隔壁房间去玩吧。"有时候，我们得说到做到，比如温柔而坚定地把他抱开。

更加至关重要的是，他们需要我们在发脾气或者觉得他们"不好"之前先采取一些干预，即自信地、镇定地、耐心地、有同理心地进行干预。

第 **22** 章

常见的管教错误

免责声明：在各种各样的、有时候甚至产生不同意见的育儿建议中，某位父母犯下的错误也可能是另一位父母最好的经验。

因此，为了归类，我定义"错误"的方式体现了我个人鼓励父母们确定的目标，并且根据的是我在过去 20 年里与父母和学步期儿童合作的经验。我觉得以下介绍的错误，原因在于无论它们当时看起来是不是管用，都可能破坏我们终极目标的实现：与孩子建立充满爱的、信任的关系。

"管教"（discipline）这个词本身就是一个错误，因为我们大多数人将它与惩罚联系起来，根据《牛津词典》第一条定义，"管教"

与"惩罚"这两个概念是紧密相连的："运用惩罚或者纠正不服从的行为来训练人们遵守规则或行为规范的一种实践。"

我认为，在管教孩子时，最大的错误是惩罚，因此我没有采用《牛津词典》上的意思，而是与玛格达·格伯在《亲爱的家长：带着尊重来照管婴儿》一书中分享的定义"让孩子形成自我控制的性格的训练"相配合。

这一定义与这个词的实际来源，即拉丁文中的"disciplina"更加相符，disciplina 意思是"指示、知识"。

因此，管教就是教育我们的孩子，让他理解合适的行为、价值观，以及怎样控制他们的冲动。下面介绍一些教学方法和错误概念，它们要么在错误地教孩子，要么在妨碍孩子成长。

惩罚。惩罚（包括打屁股、隔离，以及让孩子面临惩罚性的"后果"）之所以是错误的，有几方面原因。最为重要的原因是，通过身体上的疼痛或情绪上的痛苦来教育孩子，孩子往往不再信任我们和他们自己。毕竟，期望孩子在他们最脆弱的人生阶段通过痛苦与耻辱来学习，并没有太多道理，对不对？我们健康的成年人从来都不会去忍受这一点。另外，你可以设想去上一门这样的选修课程吗？如果你学得不够快，老师会打你屁股、把你赶出教室，或者将你和其他同学隔离？

即使惩罚不会产生长期的负面效应，它们事实上也并不奏效。我们的孩子与我们之间这种充满爱意的、信任的关系，是使得他们遵循我们确立的行为规范并将我们的价值观内化于心的原因。一旦父母与孩子之间的这种关系受到侵蚀，那么管教就变成了"我们对他们"的角力和对抗。

将孩子认定为"坏的"，而不是认定他们需要帮助。在我的父母 / 学步期儿童的培训班上，有个孩子的行为被父母认定为"坏的"。他很想去挑战界限，部分是因为他温和的妈妈很难自信地设定界限。她承认，孩子的行为让她感到不安。反过来，她脸上的不安神情也让孩子感到不安，于是孩子用出格的行为来表现内心的这种不安。

有几天，我不得不平静地跟着这个小男孩，尾随在他后边，防止他推倒另一些一岁半到两岁大的孩子或与他们扭打。我感到他产生了侵略其他孩子的冲动时，会拉住他的手，就事论事地说，"我不让你推（别的孩子）"，或者轻柔地把他从他正在扭打的其他孩子身边抱开，说"那太粗野了"。

提醒他对其他孩子"轻一点"根本没有用，事实上，那样的提醒可能是对他智商的侮辱。他准确地知道"轻柔"是什么意思，但显然他是在做出与"轻柔"截然相反的选择。

但如果我最后问他："你是不是今天过得很不开心？"

"是的。"他的回答有一丝丝忧虑，从他脸上的微笑以及双眼的神情中便能看出。这个简单的承认，再加上我镇定自若且前后一致地设定了界限，通常会缓解他的行为。

　　学步期儿童喜欢被理解。他们还需要知道，教育他们的老师不但心平气和、沉着冷静、理解他们的行为，而且不会因此生气或不理睬他们。

　　而这些是我理解不当行为的方式。孩子的不当行为并不是有意地使坏、卑鄙或者让父母心烦。它是一种请求帮助的方式。

- 帮帮我，我累了。
- 帮帮我，我饿晕了。
- 帮帮我，别让我再打我的朋友了。
- 帮帮我，别让我再烦你或惹你生气了。
  （最好是在我还没做这些事情之前就阻止我。）
- 心平气和地帮我，以便我感觉到你在照顾我这件事情上有多么胜任。
- 用同理心来帮我，以便我知道你理解我，并且依然爱我。
- 帮我放下那些冲动和分心的事情，让我再度感到好玩、愉快和自由。

第23章

设定界限不靠吼

在上一章中，我解释了为什么惩罚以及把孩子的行为理解为"坏的"会破坏有效的、尊重孩子的管教。

在下面介绍的邮件中，我和一位学步期儿童的母亲劳伦探讨了另一些常见的管教错误。

- ⑨ 向孩子吼叫
- ⑨ 没有在足够早的时候设定界限（通常导致大吼或者至少类似于吼叫的感觉）
- ⑨ 没有说到做到（这也会导致你吼孩子）

珍妮特：

你好！

我读你的东西有一年了，我发现婴幼儿资源中心培训班的宗旨对我女儿来说是必不可少的。我是一位全职妈妈，我觉得当我能够心平气和、语调平和地设定界限时，我们的日子别提有多好过了。那真是不可思议。

我的问题是，我并不十分擅长那样做。有时候，我仅仅因为对两岁半的女儿不停地要这要那感到十分失败，到最后便吼了起来。

我想知道，对于怎样保持平静和连贯，你有哪些建议。我已经很相信你的育儿经验了，但我还需要你帮我控制一下我当前面临的失败感。

我知道，期望我女儿知道她什么时候做得过了头绝对是不合理的，尽管如此，我还是忍不住想说些这样的话："拜托了，宝贝，我已经几次三番用这种尊重但坚定的语气来说话，但现在我真的不是随便说说而已！"

许多时候，这些方法确实十分管用。看起来我有足够的动力去管好女儿，但我仍然感到棘手。我确定，如果其他的父母向我提出这个问题，我也知道该怎么向他们提建议，然而在管教遇到困难的时候，要将自己知道的方法持续地付诸实践并不是件容易的事情。你还有其他的秘诀吗？

十分感谢。

劳伦

劳伦：

你好！

两岁半的孩子正处在对父母要求很高的年龄，但对我来说，你在邮件中说到的"不停地要这要那"，似乎在暗示你和女儿之间的那种互动正让她感到不安。她本不应该不停地要这要那。但如果她感觉自己在触怒你，而且你有可能情绪爆发（大吼大叫以及倍感失败，诸如此类），那么她还会忍不住继续提出更多的要求，继续要这要那。

余不多言。

珍妮特

珍妮特：

谢谢你！

我女儿一定是感到她在触怒我，真的。我觉得，我把她描述成"不停地要这要那"，并没有公平地描述我们之间的情形。

我女儿真的是个很乖的孩子，喜欢自己玩自己的，我们也在尽可能培养她的独立性，并且让她自己在一旁玩。比如，她刚刚学会了自己打开铁丝网隔门。我觉得这很好，因为我们有一个隔了篱笆的后院，院子里很安全，只要她愿意在那里玩，不论玩多久都行。

但是，举个例子来说，她有时候会惹得我生气，比如她现在可以打开那扇隔门了，却时不时朝外边扔东西，而且非得我们把那扇门锁上，她才不再扔了。我们说"我不让你往外扔东西"，不论是不是平静地说，根本都不管用，她还是继续扔……不会停下来。关键是，我不想把门锁上，以此作为一个人造的界限。我想让她就按我说的做。

我猜想，我的感觉是，希望女儿能理解，为了尊重她的选择，为了尽可能多地给她自由和自主权，并且为了在我们说"不"的时候让她体会到这没有错，体会到我们是在尊重她，我们做父母的已经付出了很大的努力。（我知道，这是完全不合常理的期望）当我们已经很好地跟女儿说了不让她做，她却仍然明目张胆地做时，我感觉很受伤，没有得到尊重，很难不把她的行为个人化。

我更喜欢在警告之后就说这样的话："我现在就把门锁上，因为要让你不把东西丢到外面去，你很难做到。"然后平静地起身把门锁上。

如今，我觉得我的问题是，在说这些话的时候给了她太多按照自己的方式来行事的机会，以至于我自己都无法掌控。我努力给她选择的机会，让她可以自由地选择是否照我说的去做，但到最后，我却把自己推到了自己无法掌控的地步。

那么，最好的办法是不是在给她决定的机会和遵照她自己的意愿之间把握好平衡，而不需要强制地执行那一界限？

劳伦：

你好！

没错！你已经回答了你自己提出的问题——"我更喜欢在警告之后就说这样的话：'我现在就将把门锁上，因为要让你不把东西丢到外面去，你很难做到。'然后平静地起身把门锁上。如今，我觉得我的问题是，在说这些话的时候给了她太多按照自己的方式来行事的机会，以至于我自己都无法掌控。我努力给她选择的机会，让她可以自由地选择是否照我说的去做，但到最后，我却把自己推到了自己无法掌控的地步。"

看起来，你对自己学步期的孩子期望过高了，误会了她为什么会表现出"不当的行为"。没错，她能理解你想要什么；但她就是和你对着干，就是不会默默地照你说的去做。这并不是她个人才有的行为；这是发育过程中必然会有的。

如今，在她的成长过程中，一个至关重要的部分是测试自己的自主权和意愿，同时还要让她自己放心地知道，她的父母能够很好地约束这种自主权。学步期儿童通过抗拒我们来测试。他们不会对你说："是的，妈妈，我会照你说的去做。"这并不是他们试探界限的方式。因此，在他们这个年纪，抗拒父母的指令是正常的，也是健康的。

然而，对学步期儿童来讲，当他们感到自己过于强大，强大到足以激怒父母，或者强大到足以做出他们并不能轻松做出的决定时

（比如决定什么时候放弃他们自己的意愿，转而遵守父母的指示，不再乱扔玩具），他们会感到不安甚至害怕。感到自己过于强大，意味着感觉到不再有人看管他们了，而学步期儿童非常敏锐地知道，他们仍需要父母的看管。

你的女儿希望并需要你说到做到，真的去把门锁上。然后，如果她对你锁门产生了任何的感觉，要允许她有这种感觉，并且予以承认。她需要你镇定自若地联想到她，并且"照顾她"，而不是变得十分恼怒。如果你觉得很烦人了，意味着你给她太多的机会和选择了。很明显，她在让你知道，她需要你的帮助。

我的想法是，她这么做，还可能表示她困了、饿了，或者需要发泄某些压抑在内心的感觉。但有一件事是确定的：她在请求你设定界限，而且是平静地、尊重地设定，以便她能感受到你还是爱她、关心她，从而觉得十分安全。

我会足够亲密地和她进行眼神交流，并且礼貌地告诉她不要做那些事（"请把你的玩具放在这屋子里"），然后说："我要你别往屋外扔玩具，但你还在扔。我会把门锁上。"她可能用抗拒来回应你，或者甚至情绪崩溃，但她也会在内心里长舒一口气。"妈妈在阻止我，不让我疯了似的把玩具都扔掉了。看起来她在自信地照看我。"

照顾好你自己以及你的孩子（在这个意义上，就是把你们的关系摆在首要位置）是出色育儿的终极目标，也是让你感到极度自豪的事情。孩子不想被父母认为是个麻烦，不想让父母感到失败或烦恼，而且我们真的不该去怨恨他们。但是，只有当我们设定了必要的界限（而且在足够早的时候），防止这些感觉妨碍或毒害我们与孩子的关系，我们才能实现育儿的终极目标。

我希望这种从观察视角上提供的帮助能够鼓励你在对待孩子的出格行为时保持冷静和前后一致。

温暖的祝福

珍妮特

第 **24** 章

告诉孩子后果的管用与不管用

　　养育孩子和管教孩子一样棘手。当我们在育儿这个领域艰难地"航行"时，经常问自己一个重要问题，可能是有益之举。这个问题便是：在养育孩子方面，我们的终极目标是什么？

　　如果说我们的主要目标是和孩子建立持久的关系，那么以下这些经常被我们重复的短语"让他知道""把这个概念反复灌输到他头脑中"甚至"让他如此这般地做事"，显然是我们偏离了主要目标的信号。

　　首先从操纵孩子开始，并不是个好方法。这会持续不断地破坏我们与孩子之间的关系，因为它制造了"我们－他们"的对立关系，而不是营造有效引导孩子所需要的积极合作的关系。

在尊重孩子的管教方法中，告诉孩子后果确实发挥着有意义的作用（我随后会解释），尽管如此，在下列情况中，告诉孩子后果不会产生效果。

当它们只是惩罚的一种委婉说法时。有时候，惩罚可能成功地阻止一些我们不期望的行为，不过父母们经常发现，惩罚往往会导致更多的惩罚。惩罚并不足以用来教育孩子，因为它们没有教孩子正面的行为，也没有示范正确的行为。

惩罚措施可能还有着不幸的、意料之外的结果。惩罚导致孩子内心产生耻辱感和愤怒情绪，制造了距离、孤僻以及不信任。严重的惩罚或体罚可能让孩子陷入恐惧、暴怒、无助和绝望之中。

心理学家保罗·布卢姆（Paul Bloom）围绕婴儿和道德开展了一系列引人注目的研究，结果发现，即使是年幼的婴儿也对公平有着基本的理解。如果我们尊重孩子行为的后果，他们会感到公平。这并不是说他们不反对这样的后果（他们可能会反对），同时父母需要接受和承认他们的那种反对。当孩子感受到真诚与公平时，我们与他们之间的信任便会保持完好无损，通常还能得到强化。

惩罚给人的感觉是小心眼，因为它们就是小心眼。难道我们希望孩子将来模仿我们个性中的这一部分吗？

当后果与局面并不相关或在事实发生之后太久才出现时。孩子所做的众多令人鼓舞的事情，其中有一件是活在当下。因此，他们会继续向前看。孩子越是年幼，便能越快地彻底忘记他们做的事情，并且无法将自己的行为与我们指出的后果联系起来。因此，当我们对孩子所做的任何事情设定界限时，我们需要马上兑现，并且也和他们一样继续向前看，而不是徘徊、激动或者抱怨。

只需稍稍考虑一下将来，我们就可以通过制造界限或设定限制来避免或防止某些不期望的情况出现。大一些的孩子需要保护他们的形象（例如在高一点的桌子上吃饭），以便与那些想要探索和测试的婴儿和学步期儿童区分开来。从父母的角度来看，某件具有破坏性的事情，如果原本有可能阻止，却还是让它发生了，无论是对大点的孩子还是婴儿，都不公平。

当后果包括强制的道歉或者其他不真实的姿态时。强制性的道歉以及原谅或者其他任何感觉，都在教孩子许多没有价值的事情，那便是不要相信你的真实感觉，假装你对一些事情有所感觉，以取悦于大人、使用"对不起"作为借口，以及做个虚情假意的人，诸如此类。

在下列情况下，告诉孩子后果便是一种有效的、尊重的、着眼于建立关系的方法。

1. 后果是一些符合逻辑的、合理的、与年龄适当的选择。"我不可能让你把那些积木块扔向窗户……让你不扔积木块，你很难做到。你可以向地毯或者篮子的方向扔，要不然，我必须现在就把它们拿走……谢谢你让我知道你正需要帮助。我会把积木拿开。"

2. 亲切并自信地陈述（而不是威胁地陈述），然后放手已经过去的事情，让孩子继续下去。对我们大多数人来说，这意味着必须较早设定界限。早到什么时候？在我们还没有变得太烦躁或者太恼怒的时候。

3. 加上承认我们孩子的观点与感觉（不论他们的观点与感觉看起来有多么不合理）。"你想继续在公园玩，但我让你不打你的朋友，你又很难做到，所以我说了，我们必须得走了。你感到很生气，因为我让你离开。"

4. 前后一致的、可预测的反应，是孩子辨别例行公事（如吃饭、睡觉等）的一个元素。"你吃完了吗？你站起身来了，那个动作告诉我你已经吃完了……好的，你现在又坐下去了，那么在你吃完之前请不要站起来好吗？……哦，你现在又站起来了，因此我得把吃的收起来了。谢谢你让我知道你已经吃完了……我把东西收起来，你很生气，对吧。你不想我把它们收起来。我懂。我们很快又会再吃的。"

5. 真诚地表达我们个人的界限。在这一点上，我和我身边一些倡导温和管教的人们没有达成一致。

我的培训班上有位母亲（再没有哪位妈妈像她那样更尊重、关爱孩子，总体来说，她是位极其出色的妈妈）上过一堂课，那堂课由一位广受欢迎的提倡温和育儿的顾问主讲。这位母亲最大的挑战是自信地设定界限。如果当时的场面涉及她的个人界限，或者并不是一个明确的安全问题，那么她尤其倾向于自我怀疑和内疚。

她向那位顾问讲述了一次经历：有一回，她开车带着六岁的女儿到一个朋友家里，两家人约好了一起玩耍。她女儿对自己尚在学步期的弟弟很生气，不停地哭泣。她好几次耐心地劝女儿别哭了，但女儿仍在哭。她的忍耐已经到了尽头了。她问育儿顾问，她能不能告诉女儿，如果女儿仍不能止住哭泣，她将会把车子调头，不去玩了，而是回家。顾问的回答是"不能"，因为那是一种父母强加的后果。

我不想说谎，因为听到那位母亲这么一说，我都快疯了。这是一位特别需要支持的母亲，需要别人支持她设定和坚守界限，而不是需要别人的嘲笑。

讽刺的是，这位育儿顾问专门研究帮助父母止住孩子的大喊大叫，然而她忽略了解决孩子大喊大叫谜题中的一个至关重要的部分：父母也需要各种鼓励，以便平静地、诚实地、公平的、自信地照顾好他们自己，不对孩子大动肝火。他们需要能够将汽车调头、在帮助孩子们清理东西之前，先要让孩子不再把东西四处乱扔，而且在孩子拒绝穿好外出的衣服时，不带他们去公园。例如，"你说你想今天到公园去玩，但我们没有足够的时间了，除非你穿好自己的衣服。是不是要我帮你呢？""我真的很累了，如果你想听我读第二本书，请自己先刷牙。"或者"我看到你由于错过了这次玩耍非常失望，但是你当时没有停止哭闹，老实讲，我真的再也受不了了。"

后果与惩罚之间的根本差别在于我们真诚与诚实的分享。如果我们自己没有确立好个人的界限……则不可能成为温和的父母，而且这种模拟（让孩子明确我们个人的界限）的效果是很好的。

第 **25** 章

让孩子摆脱困境

对我的第一个孩子，我和丈夫付出了共同的努力来学会有效地辨别并对她的试探行为以及挑战界限的行为（似乎在她快满一岁的时候突然冒出来的）做出反应。

最近，我为一位父亲提供咨询服务，他提出了一个准确的类比，帮助我理解我个人在育儿方面的困难，并将一些散落的经验联系了起来。

他和他妻子一直敏感地应对着他们那个学步期孩子的各种要求与粘人的性格，但是孩子的行为变得越来越强烈和频繁。我建议他们更清晰、更直接、不害怕地对待孩子强烈的感觉，那似乎突然提醒了他。"哦，这就好比有人想跟你约会，你不感兴趣，但是如果你不直截了当地拒绝，从而让对方失望的话……那么，他最终没有从你这里得到你要拒绝他的信息。"

说到点子上了。那个类比真的产生了共鸣，因为我曾经是那样的人。我避免跟别人对抗和拒绝。我不想冒伤害任何人感情的风险，也不想冒让他们对我怒气冲冲的风险。我不想被拒绝，也不想拒绝别人。我不敢冒险去做一些事情，我觉得这样的话，我可以被人们"喜欢"，而且不会制造波澜。

因此，我找一些借口，捏造更多的借口，而不是直接地承认："谢谢，但我对和你约会没有兴趣。"不可避免地，对方会不停地打电话（那时候还没有发信息这种方法，不过我确信，如果真有这种方法，我会感激它的），而我需要不停地逃避和躲避他。我变得越来越烦人，越来越怨恨。他难道就一点儿都不懂吗？但这些是谁的错？当然，是我的。

我们可能与孩子形成类似的局面。当我们没有做到明确和直接（通常是因为我们不想勇敢地面对困难）时，便是在蓄意地欺骗孩子。可以理解，哭闹、大喊和脾气暴躁等对任何人的耳朵来说都不是美妙的音乐，但当我们试图逃避或者绕过孩子们的感觉时，他们不期望的行为和需要通常会继续（或者晚些时候再迸发出来），然后我们自己就成了那个最终要大哭一场的人。能怪谁呢？只能怪我们自己。

最有爱的说"不"的方式，是直接地说、自信地说、不带任何愠怒或愤慨情绪地说。这并不是对孩子严苛，肯定也不是一种惩罚。它只是一种决定，显露着平静的确信的决定。

最好只是偶尔用"不"这个实际的单词，因为如果我们说得太多了，孩子将不予理睬。此外，如果说太多的"不"，还不如说"我不让你打我，因为那很疼""我不能让你去做，因为那不安全"或者"我不能马上你和玩。我得准备我们的晚餐"。这些表述十分尊重孩子，或者条理清晰。

然而，当父母没能做到足够的直接和明确，因而父母和孩子面临一些困难时，我鼓励父母们说（或者至少从这个方面来想）"不"，然后带一句非常简短的解释。"不"可以帮助父母（以及他们的孩子）感到更加清晰明确。孩子通常通过继续那种挑战界限的行为来让我们知道，他们需要父母更清晰地阐述。他们需要知道我们所说的话是什么意思，并且知道我们将会说到做到，阻止他们。

如果我们对自己都做不到清晰明确的话，就不可能对学步期孩子清晰明确。这正是在涉及安全的问题上父母往往最容易说"不"的原因。以下列举的一些不太清晰明确的问题，将给育儿带来更大的挑战。

- 断奶
- 在并非绝对必要的情况下离开他（比如我们要去卫生间，或者要

到房子的其他地方去，把孩子留在一个可以安全玩耍的地方）

- 上床睡觉的时间以及睡眠问题（由于我们自己也累了，并且我们的防备也下降了，使界限甚至更加不明确）

- 我们的孩子更喜欢父亲或母亲中的一个，不太喜欢另一个

- 拖延

我最近为另一位母亲提供了咨询服务，她很难顺利地给她家那个学步期的孩子设定界限，但她告诉我，在一种情况下，她总是感觉自己对孩子提出了清晰明确的要求，那便是在停车场的时候，她坚持要牵着儿子的手。她告诉我这个信息，我便能够着手帮助她了。

每次她说出一种自己有所动摇的场面（好比她需要孩子去洗澡，感到孩子在拖着不去），我会提醒她说："你就把这个场面想象成在停车场里牵着他的手。"我们就是需要那样的清晰和明确。记住，我们总是可以选择在后来再改变自己的主意。

还要记住，学步期的孩子有着不可思议的清醒意识，特别是能够清醒地适应他们的父母，并且无时无刻不在学习。因此，我们绝不要想着"他们在学吗"，而是"他们在学什么"。

当我们在某种特定局面下感到不容易或者不确定地说出"不"时，也许是我们在试图哄骗、劝诱，使那种情形为我们的孩子所用，她没有了选择，只会感到不安。

如果我们担心孩子在响应我们界限时的感觉（也许我们小心地处理或者试图安慰我们"可怜的宝贝"），那么她没有其他选择，只会感到对这些感觉不舒服。

当孩子感到我们在小心翼翼地对待他们时，他们会觉得软弱和无能，而不是像学步期儿童需要做到的那样心理健康和随性而为，而且他们将没有选择，只会继续扮演我们无意中为他们选择的角色。

有时候，我们甚至使事情变得更加不明确，虽然孩子们通过每一次互动从我们这里获得了信息，但我们也向他们灌输了信息。因此，倘若我们在应当直接引导的时刻显得犹豫不决的话，将为孩子制造不舒服的感觉，而他们会通过粘人的、要这要那的行为来表达这种不舒服感觉。然后，（天啊！）我们的害怕得到了确认：我们看到了一个脆弱的、焦虑的、黏人的孩子，丝毫不敢让他失望。于是，这一循环会继续下去。

因此，父母们要给孩子直接的反馈，以便唤起勇气，并且让孩子们摆脱困境。我们必须对孩子说出他们的优点，而不是害怕他们的弱点。他们值得我们告诉他们真相。而且他们可以处理好，但只有当我们相信他们能够处理好时，他们才会那样。

第 **26** 章

怎样做一位温和的引领者

当我们理解了我们站在事情发展过程中的什么位置时，
每个人深埋在内心的自由便会迸发出来。

——玛格达·格伯

一位备感失败、身心俱疲的母亲想要更加温和地、不像以前那样动辄惩罚地对待她那三岁的孩子。讽刺的是，在这么做的过程中，她有可能变成一个更加强势的引领者。

珍妮特：

你好！

我感觉，作为一个母亲，我已经失败了。

我有一个三岁的女儿，大多数时间她都很难缠（至少可以这样说）。她哭闹、大吼、打人、不停地打扰别人、大发脾气、对我们说"不"、乱扔玩具、拒绝听我们说话……然后，在她心情好的时候，她表现很好，听我们的话，乖得很，但似乎这种时候不常出现。

我感到很失败。非常失败。

我们还有一个八个月大的儿子，他也需要我照看，而我女儿恨我去照看她弟弟。她总是说，我必须先照顾她，然后再去照顾弟弟。如果我把注意力放在女儿身上，女儿还是很疼爱她弟弟的。

我们对女儿进行过隔离、拿开她的玩具、让她早点上床睡觉、打她的屁股……在我看来，来自一个独断专行的家庭里一切"正常"的事情，我们都尝试过了……但不管用。什么都不管用。对我女儿的管教，让我们每个涉及其中的人感觉糟透了。太糟了。

我们家很吵闹。我家漂亮的女儿不但苦不堪言，而且好像很怕我们，因为她恨我们惩罚她……我儿子也感受到这种紧张，而且这导致他也出现一些问题。我真心觉得作为一个母亲，我太失败了。

我知道你的邮箱里也许塞满了电子邮件，但我希望你有机会读一读我的邮件，并且有没有可能帮助开导一下我这位身心俱疲的母亲，因为我再也不知道该做什么了。

真诚祝福你。

凯莉

凯莉：

你好！

请原谅我过了这么久才回复你。最近，我回复所有人发给我的邮件都很慢，特别是那些并不能一两句话就回答好的邮件（即使那些可能是最需要我回复邮件的人们）。

而且，我一方面对你道歉……另一方面，我对你所经历的一切也感到难过，你正在怀疑自己，变得垂头丧气。

应该承认，只从一封邮件中了解的信息并不足够，我很难深入了解一个家庭的情况。因此，我在读你的邮件时努力从中寻找线索，然后试图找出最为突出的重点内容。在你的邮件中，最突出的是这句话："她总是说，我必须先照顾她，然后再去照顾她弟弟。"

她的那句声明，加上你说她"苦不堪言"，还有她"哭闹、大吼、打人，诸如此类"的事实，向我表明，你和你女儿之间的权力的平衡，可能不像正常母女之间的那么健康。你女儿似乎有这样的印象：她可以在并不属于她引领的方面发挥控制作用。她听起来不安、不舒服，而你的反馈、干预以及管理方法似乎让她更加感到不安，而不是舒缓她的神经；满足她测试自己权力的需求；帮助她感到安全、感到家的存在、感到更舒服和更自由。

那么，我们怎么帮你呢？

我首先附和一下玛格达的这句警告：孩子需要温和的引领者。他们需要确切地知道父母在管事。这也许看起来再明显不过了，但我们在这方面容易稍稍感到困惑，特别是面对一个强势的、聪明的、语言能力很强的孩子时。（我曾经历过那些。）

有时候，过于严格的家庭往往没有设定清晰的界限。也许有一种担心，担心过于权威并且重复了父母们模仿的那种反应模式——让孩子感受到父母们缺少爱、不关心，甚至是虐待。或者有时候，父母在确立健康的界限方面没有经验。

但是，当我们没能通过设定合理和一致的界限并且由我们自己掌控局面时，也就是没有明确地表明我们是这个家里对孩子充满关爱的引领者时，我们的孩子便没有别的选择，只会感觉失去了控制。

不管你信不信，你的女儿在说"你必须首先照顾我"的时候，她感到不舒服。那句话与"我想让你首先照顾我"是截然不同的。她不想让自己说的那句话中暗含权力。对于一个三岁的孩子来说，做出那样的声明让她感到不安全、不安心，但在清醒的时候，她知道这并不是自己想要表达的。

这种失控的感觉造成了更多失控的行为，因此她才会哭闹、大叫、打人，等等。接下来，她的这些行为又让父母感到失去了控制。一旦我们自己也失控了，便不再会充满信心地引领她，而是会用愤怒、挫败和绝望来响应。在此局面下，我们想通过重新夺回控制权来掌控局面，于是通过类似于打孩子屁股之类的惩罚以及类似于隔离之类的管教方法来重夺控制权，但那样一来，甚至会导致孩子更加叛逆和孤僻。这让我们感觉十分失败。

当我们每个人都对自己的角色有清晰的认识时，家庭生活不但更容易些，而且少了许多混乱。那我们怎么做呢？

1. 平静地、坚定地、温和地、较早地设定界限。我说的较早地设定界限，意味着在你女儿还没有开始做出出格的事情之前，就尽可能地明确界限。这种明确对父母也有帮助，因此那些得到很好确立的界限让我们感到对局面有所掌控，也防止我们在问题出现时毫无办法（也就是说，除了感到失败、愤怒并且诉诸惩罚之外，别无他法）。

这里有一个例子：你对你女儿说，"我正准备喂小宝宝吃东西，然后让他睡觉。在接下来的半个小时里，我要忙着照顾他。如果你要些什么，我现在可以拿给你。"

然后，在给她需要的东西之后（比如从书架上拿本书给她、给她一块点心或者其他任何东西），再让她做出选择。"你可以非常安静地坐在这里，和我们待在一起，也可以到你的房间里去玩。"你甚至还可以问她："我在忙着照顾小弟弟的时候，你打算在自己房间里做什么？"

让我们假设，她选择和你们安静地待在一起，但没过多久，她就无法控制了，开始喋喋不休。这时你可以说："我知道，我在忙着照顾弟弟的时候，你很难等我，但我需要你的帮助。我想让你到自己的房间去玩一会儿，或者先看一会儿书，等着我忙完。然后，我就有时间来照顾你了。"

接下来，让我们假设她想打你了。你要抓住她的小手，对她说："我不会让你打我。我知道你现在很烦。你可以到自己的房间里去，拿个枕头去拍打，但我不会让你打我。"

我想，你女儿这个时候听起来情绪爆发很强烈了，你在设定界限的时候，她就有着强烈的消极反应（而且会继续这样）。不用对她的情绪爆发感到不舒服。把她的哭闹、尖叫、大喊当成是健康的、积极的情绪释放。做一个学步期的孩子本身就已经很难了，还让她当一个大姐姐，和一个比她小的、可爱又黏人的孩子共享父母的爱，更是难上加难。只要有可能，便承认她的感觉："我知道，我在忙着管弟弟的事情时，你真的很难自己管好自己。而且你还得等我做完，这真的太难了，也让你心烦，但我知道你是可以做到的。"

试着放松（或者至少看起来放松），并保持镇静，即使她正在发脾气。到最后，当她知道你说的话的意思，而且知道自己再怎么闹腾也不会让你生气时，她将开始专心于自己的事情，让你去忙着照顾弟弟。

我也经历过类似的事情，在我的第二个宝宝出生后，我那情绪强烈并且坚定自信的大女儿也让我感到很头疼。她当时四岁，在我需要花时间照顾她妹妹时（那花了我整整一个小时的时间），她抱怨、大哭、尖叫、高声叫嚷。那个场面持续了好几天。到最后，她自己发现了，在我照顾妹妹的那段时间，她可以在玩具屋里玩自己的，而且那成为她自己选择的"例行公事"。我丝毫不怀疑她在玩具屋里做了多少狂野的事情！

2. 承认她的观点，但不要争辩。当你女儿表达她对这种局面的不同意见时，尤其是她一开始就说"你必须"时，平静地承认，有时间的话，和她说一说她的感觉，但不要争辩（比如"不，我不是必须得先照顾你。"），协商或者以其他方式来命令。你可以真诚地说些这样的话来给予简短的回答："谢谢你说出自己的看法。我的计划是……"

一种更长的回复可能包括更深入地承认她的感觉，告诉她说，她可能由于新添了一个妹妹，不能再独享父母的爱，因而感到愤怒和悲伤。不过，仍然要清晰地表示你理解她的感受，还要告诉她，你正在制订一个计划。她需要你的同情心，但不是"可怜的宝宝"那种同情，那种同情会让我们无法坚定地守住为她确立的行为界限。事实上，对一个处于过渡期的孩子来说，前后一致的、坚定不移的界限甚至更加重要。

3. 请她帮助。帮助，可以满足她对自主权、能力以及参与的健康需求，不论什么时候，只要有可能，请她帮你处理婴儿的事情

147

（以及其他任何事情）。

4. 给她安慰和一对一的关注，并表达你的感谢。让她放心，你依然会像从前一样尽力满足她的需要，即使不是在她最满意的时间来满足。不要忘了在一段时间内把心思完全放在她身上，以便她可以定期地期待。最为重要的是，当她"表现良好、听话而且非常棒"的时候，别忘了感谢她的"美好时刻"。

这些建议希望帮助你女儿理解，她的想法和感觉在你这里总是会受到欢迎、获得理解，但是家庭的决定（比如在什么时候应该先满足谁的需要）总是要由你做出，不论你女儿有多么反对。这应当能帮助她放松紧绷的思想，并且至少减轻一些你要应对的混乱局面。

请继续和我保持联系！

温暖的祝福

珍妮特

第27章

如果温和的管教不起作用

　　如果你是因为自己准备不采用打孩子屁股或者惩罚孩子的方式来引导他而一直在读本书，特别是如果你在孩提时代曾受到过自己父母的惩罚，打算用一种更好的方式管教自己的孩子，我向你致敬。

　　不带惩罚地设定界限是可以奏效的。事实上，它可以十分完美地发挥作用，以至于你会发现，过不了多久，你需要设定的界限将会越来越少，尤其是一旦学步期已经过去，几乎不用再设定界限了。这并不夸张。我每年都收到几百封邮件，都是那些兴高采烈的父母写给我的，和我分享他们的成功故事。

我还听到许多父母说，他们认为自己在尝试着温和地管教孩子，但并不管用。这些父母和我分享了他们孩子的行为，孩子可能首先从轻微的试探开始，之后会变得越来越挑衅、破坏、违抗或者故意不服从。我听说一些五岁的学龄前儿童有意伤害他们的玩伴，大多数时候，那些孩子要么显得疲惫，要么感到愤怒。

父母们搞不懂的是：当我致力于以尊重的、不带惩罚的方式引导孩子时，为什么他总会这样来搅得我心烦意乱呢？

博客写手苏查达·艾克梅耶尔（Suchada Eickemeyer）曾写过一篇题为《在"我爱你"之后最宝贵的育儿短语》（*The Most Valuable Parenting Phrase After 'I Love You'*）的文章，我在反复读这篇文章时，突然对父母们提出上面这个问题的原因有了一丝朦胧的想法。苏查达在文章中评价道："这个短语曾帮助我成为我想要变成的维持纪律的人：负责，但不控制；温和，但坚定不移；诚实；清晰；以及直接。"

对温和的、不带惩罚的管教，似乎有一种常见的误解，以为这意味着避免和孩子直接对抗，而不是在孩子有了不当行为时（例如，打小狗）给予简单的、相关联的反应。遇到这种情况，合适的管教意味着下楼来到孩子身边，和他进行直接的眼神交流，并且平静地说："我不让你打小狗。那会打疼它。"同时握住孩子的手，或者用其他方式阻止他再打。

我的感觉是，许多父母使这个问题过于复杂化了，这也许是由于他们对管教时最常使用的一些术语感到困惑；这些术语包括"心心相通""未满足的需要"以及"闹着玩"。

心 心 相 通

没错，要对孩子有效地管教，得让孩子感到我们和他心心相通。怎么做？当我听到这个词时，脑海中浮现了"拥抱""笑"和"跑过草地"这些场景，不对孩子说"不"，以及不做可能让孩子心烦的事。在设定界限期间和孩子心心相通，看起来并不温暖和柔软，但至关重要。以下是两种和孩子心心相通的最重要方法。

1. 和孩子交谈。关于设定界限，我听过的最多的建议是，在我们应当和孩子心心相通的时候，要使用一些巧妙避免直接对抗和令孩子疏远我们的措辞。最常见的是以第三人称说出来的这些："……并不好""当你……时，妈妈不喜欢"，或者"不允许乔伊……"

接下来，还有一种有哲理的措辞方法："脸不是用来拍打的""街道不是用来乱跑的""朋友不是用来咬的。"

或者，还有强调"我们"的措辞："我们不乱扔食物"（然而，我们那感觉敏锐的孩子在想：哦，我们有些人却乱扔食物）。

这些都是不对的。

从我个人来讲，我甚至对"宝贝（或甜心、小南瓜），别伤害小狗狗"之类的话感到些许不舒服。我觉得在类似这样的场合，说一些表达对孩子爱意的话听起来有些虚假，而且仿佛是为了让孩子领情，特别是当大人内心感到烦恼，却装作平静和喜爱的时候。

相反，"我不会让你……"（"我不能让你……"，或者"我不想让你……"）这些措辞可以让我们与孩子建立人与人之间的联系，做到心心相通，并且阐明我们的期望。这种心心相通是孩子在表现不当行为的时候最需要的。孩子们不会错过机会，因此他们需要（也值得）一个尊重的、直接的回答。我们可以说完这些话后，再一起到草地上奔跑。

2.承认和产生同感。我们在设定界限时，孩子们需要我们承认他们看待界限的视角和感受。通常，在第一次设定界限之后（"我不会让你……"），最好是和他产生同感。但是，产生同感意味着理解和支持，而不是摆出一副他非得接受这一界限的架势。换句话讲，要口头上表现出来（"没有拿到另一块饼干，你觉得不高兴了"），但不要在孩子对你的界限产生情绪反应时感到恼怒或沮丧。这样的"心心想通"对我们和孩子任何一方来说都是不健康的。它让我们感到身心俱疲，蒙蔽了我们的双眼，使有效的引领变得不太可能，我们的孩子也没有了她需要的强大的依靠。

未满足的需要

大多数孩子长到一岁半的时候，完全明白我们不希望他们做的绝大部分事情。那么，他们为什么还要做呢？可以考虑很多种可能，但首先要考虑我们在他们挑战界限的那一刻，是不是满足了他们最重要的需要。如果因为我们在试着思考到底是什么驱使孩子的行为，而使自己在设定界限的时候犹豫不决，那孩子也会传递出犹豫、模糊或者不确定的信息，而不是向我们表达他真正需要的帮助。

孩子行为出格时，最常见的需要是我们的关注，首先要给予他一种非常独特的关注——和蔼但坚定地承认他的行为以及我们的期望。

闹着玩

每个认识我的人都会告诉我，我是一个傻傻的、喜欢闹着玩的人，我对孩子也是一样。当我感到有信心引领好孩子时，我喜欢和孩子有一些真诚的、自然产生的打闹和玩笑。当我们"体会"的时候，"闹着玩"是一种很好的方法，有助于我们鼓励孩子配合我们，比如说整理玩具或者刷牙。但我不建议把"闹着玩"当成一种设定界限的方法，特别是不能用界限来替代孩子需要的，与他们行为有

153

关的、诚实的、清晰的回应。

我还觉得，建议父母与孩子嬉戏玩闹，甚至给父母施加了更大的压力，让他们以为时时刻刻都得让孩子高兴。如果我们觉得可能，或者是通向真正幸福的必由之路，那么许多人都会这样做。但在我们现实的生活中，或者在一种真正的关系之中，并不会每个人总是一副笑脸。我们的孩子更知道这一点，他们值得拥有真诚的关系和真实的生活。

第28章

培养意志坚强的孩子

在我多年来观察年幼的孩子和指导他们父母的过程中，某种程度上也是我自己的学习的过程中，我越来越对人类学习的方式着迷。格外具有讽刺意义的是，我发现当别人把有益的信息或创意反复地呈现在我们面前时，不论出于什么原因，它们总是无法引起我们足够的共鸣，让我们将其应用到实践中去。但是，当我们在一个新的场合或者稍晚一些的时候偶然间再次见到同样的内容，尽管只是包装稍稍不同了一些，我们却突然之间会对它们产生共鸣，似乎有了新的发现一样。

朱丽叶是位迷人的、充满爱的母亲，我和她一同参加过几次会议。她准许我分享下面这封私人邮件，邮件描述了她经历的"温和领导"和她那意志坚强的女儿克利奥经历转变的一刻。

过去四个月，我觉得极度疲惫和痛苦。你知道，克利奥是一个不可思议的强壮的孩子，强壮到什么地步？我很少看到她和其他孩子争抢玩具时输掉，即使对方是年龄大一些的孩子。她不但身体强壮，意志也很坚强。

我很喜欢她这一点，并且觉得很放心，因为从我还是个孩子开始，我就知道要积蓄好力量，以确保身边的其他人都感到舒服和高兴。我用了许多年的时光，学会了坚守自己的立场，并且不至于过于担心其他人。当然，我女儿让我甚至更深刻地了解了那一点！

随着克利奥慢慢长大（到 7 月份两岁），她的决心和意志力只会增强，尽管我觉得自己很坚定，但说实话，我真没有。我从来没有絮絮叨叨地设定界限，但我锻炼了自己不受她那没有帮助的反应的影响。有时候我必须抱着她，但她不想被抱着，这让我觉得十分难办，以至于我不得不用上所有的力量，想尽一切办法，有力而又温和地抱着她。我注意到自己的感觉，仿佛被她的反应所击倒，有时候甚至充满愤恨地自言自语："天啊，你就不能消停一会儿吗？"

如今我意识到，她正在感受所有这些（感受我那软弱的决心），而且也许产生了过于强烈的感受，担心妈妈不够强大以应付她的事情，担心妈妈可能收到她自己感到十分不安的那些消息。

　　读了您写的关于计时器的文章（本书第11章）之后，我的内心发生了转变，而且我和孩子之间的关系也彻底改变了。我意识到，自己足够强大，可以处理好孩子的反应，不必受其影响……我可以成为她的参谋，温和但坚定地说到做到，并且引领她到达她需要到达的地方。有了这种观念上的改变，一天下来，我不再觉得身心疲惫，也体会到了当妈妈的幸福，这是我以前很少感受的，尤其是在过去的几个月里。

　　有趣的是，这些全都发生在我的内心。在外表上，我的反应很大程度还和以前一样，但内心的转变使得女儿克利奥能够更轻松地配合我，也使得我自己真正想去管她的事情。

　　克利奥看起来也快乐些了，不像以前那样老是测试界限了。在我的人生旅程中，我知道自己在这个年纪曾经经历过许多发展性创伤，回想起我的妈妈在我像女儿这么大的时候，根本无法应对我的强势。因此，这次在引领女儿克利奥的过程中，我感到对我来说确实是尊重的，对她来说也是可以想到的最美妙的礼物。

　　以这样一种清醒的方式来养育孩子，涉及摒弃原来的错误方法，然后重新找到新的方法。感谢您的指引。

　　送上最美好的祝福。

朱丽叶

第29章

当尊重变成溺爱

亲爱的珍妮特：

你好！

作为一位发展心理学家和教授，我喜欢你的网站和博客文章。你很好地解释了一种应对儿童发育的方法，它已被学术界广泛接受（至少在我的研究领域之中已被接受）。

最近我脑海里总是浮现着一个问题，那便是怎样来确定对某个特定年龄的孩子来说什么是合适的期望。我儿子接近学步期了，我想让自己提前做好一些准备，迎接他学步期的到来。那你怎么确定对某个特定年龄的孩子来说合适的期望？

例如，我的一些朋友最近带着她们 3 岁左右的孩子们出来聚会。出门玩的时候，一位朋友的孩子决定穿她妈妈的鞋子去坐车。妈妈的鞋子大了许多，而且孩子有可能绊倒。在那种场合中，合适的反应是怎样的？

在最近一次郊游中，另一位朋友的学步期孩子在发脾气的时候把头猛地撞向地面。孩子的妈妈应当做些什么来应对？

感谢你。

米歇尔

米歇尔：

你好！

感谢你的邮件以及提出的问题。你确实让我陷入了沉思。起初我发现，在你介绍的两个例子中，唯一的共同点是需要一位镇定自若的父母出现。"恰当的期望"多多少少让我有点儿不知所措，直到后来我才意识到，你询问的是"恰当的行为"，这两者之间稍有区别。

我们怎么知道允许孩子做些什么以及什么时候划清明确的界限？孩子真正的需要是什么？在这里，我为你介绍一些总的指导原则，仍旧以你的例子为例。

说"对"

对孩子的感觉说"对"。始终如此。孩子需要自由地表达他们内心最深处的、最阴暗的、最奇怪的、最离谱的或者最不恰当的感觉。

情绪与"自我"紧密相连，因此从在襁褓中开始，我们的孩子便需要知道，我们会耐心地倾听他们的感受，接受他们所有的感觉，而且会尽我们最大的可能去理解他们。做到这些，难就难在不去压制他们的感觉（比如用分心的办法、惩罚的方式或者其他无效的响应来压制），同时还要不让孩子的情绪爆发对我们造成太大的影响，也就是说，要在不吸收孩子情绪能量的情况下倾听和支持她。

我发现，有益的做法是提醒我自己注意，我们不能控制其他人的感觉。我们只能控制孩子在表达情绪时感受到的自由。鼓励孩子表达他们的感觉，并且承认这些感觉，对孩子的情绪健康和自我价值感非常重要。

学步期儿童发脾气，是因为他们到达了情绪的引爆点，需要释放那些强烈的情绪，这些情绪已经超出了他们控制的范围。那个愤怒地把自己的脑袋撞到地面上的孩子需要一位平静的、理解他的家长，使他能够完全表达这些感觉——父母不要惩罚他甚至"安慰"他，这会阻止他的情绪爆发。

对孩子来说，他的勃然大怒一定会变成一种有效的发泄方式。然后，我们确认当时的那种情形，并给他一个拥抱。比如对他说："哇，我说不能再给你多吃那种美味的蛋糕了，这让你这么生气啊。你真的想要多吃一些。"

如果他这种撞脑袋的行为成为经常出现的习惯，一定要咨询专业人士，但正常的孩子不会有意伤害自己。保持一种镇定的、接受的态度，也许还可以在地上放一个靠枕（"我把它放在这里，以确保你的安全"），是我们最好的反应。

如果我们也变得怒气冲冲，对孩子施加惩罚，或者感到焦虑不安（换句话讲，让他的那种行为触动了我们的情绪），那么孩子会持续不断地重复他的行为。

对孩子安全的探索和自主的玩耍说"可以"。对年幼的孩子来讲，玩耍、探索和试验应当主要由他们自己来选择。孩子的选择会让我们感到吃惊，而且他们不会总像我们认为的那样来玩耍。鼓励和观察自主的玩耍，是父母照顾婴儿和学步期儿童的最大乐趣之一。而且对孩子来说，这种自由也是一项根本的需要（它将帮助他们更加乐意地接受我们的界限）。理想的情形是，我们给孩子提供一些自主玩耍的机会，为他们准备必要的东西，让他们随手可以拿到。

我发现，只要妈妈不介意，让孩子穿着妈妈的鞋子玩耍没有任何问题。但是，如我之前解释过的那样，孩子需要探索，但并不意味着她可以在任何地方去探索，只能限定在我们认为安全或合适的地方。

明 确 界 限

为了安全，明确界限。这意味着密切关注孩子撞脑袋的行为，这可能是一个非自愿的、短暂的阶段（如果我们可以保持平静，请继续保持）。

穿妈妈的鞋上车尽管也有风险，但这种风险并不一定非要排除，才能保证他的健康。在我看来，这个孩子正在表达的真正的希望或者"需要"，是父母的引领和限制，这会给他带来安慰。

当孩子在测试，明确界限。我觉得女儿想穿着妈妈的鞋走向汽车，是一种对妈妈意愿的测试，如果她赢了，她就会觉得妈妈就输了。我觉得她在背地里希望妈妈足够关注她，并拒绝她的行为。她听起来是个坚强而聪明的女孩，也许如果妈妈准许她那样做的话，她完全能够穿着妈妈的高跟鞋走上汽车。但接下来，可能会出现另一场测试。

与其和孩子对着干，我建议这位妈妈镇定地、充满爱地设定一个界限："我知道你喜欢穿着我的鞋子走路，如果是在我们自己家里，这还算是安全的，但现在不安全。你是想穿着自己鞋子走呢，还是想光着脚丫走路？"孩子要么愉快地接受这个主张，要么反对并释放某些在她内心积聚许久、即将爆发的感觉。

在过渡期明确界限。年幼孩子往往难以应对过渡时期，这意味着在此时期，和他们自主的玩耍时间相比，我们要更多地引领他们，但给他们的选择要少一些。也就是说，在此期间，他需要由大人引领着，自己无须做太多的选择。尽管如此，他仍需要独立自主的机会，就像选择是不是穿自己的鞋子上车那样（如果那是一种选择的话）；或者还需要一些选择，比如"你是打算自己走过去，还是我抱着你过去？"但是，如果让他自由地选择却使得所有人都在等他，而他还在试着"像妈妈那样"走路，那么，给他这样的自由，就是在用一种不舒服的自主权来溺爱他。

烦 恼 因 素

育儿是在建立和发展一种极端重要的关系，是在为我们的孩子将来要与别人建立的任何一种关系树立榜样。由于关系至少涉及两个人，因此父母们的需要与感觉和孩子们的需要与感觉同样重要。没错，作为父母，我们将做出许多的牺牲，但到最后，和孩子建立起的关系必须既有益于孩子也有益于我们自己。

由于我们是成年人，在和孩子的关系中是负责的一方，因此只有我们才能帮助保护和孩子的这种关系，使之不会变成一种怨恨的、不诚实的、不信任的、不喜欢的关系。这也是我认为要明确界限，以防烦恼因素出现的原因。我的意思是说，不论什么时候，只要有可能，不要给孩子通过他们的行为来惹恼我们的自由。（没错，孩子们情绪的表达也许令人十分烦躁，但我们内心的那种烦躁不在考虑之列，因为我们不可能也不应当控制那种情绪。）

如果我们不想女儿穿我们的鞋子玩，我认为应当不允许她玩，而不是在我们本该感到管好自己的事（让孩子穿着玩去）和优先我们与孩子的关系时，却带着负罪感。

对我们的孩子来讲，在她玩耍时要让她接触不到那些超出界限的东西，从而不会惹恼我们，也让孩子自己感到更轻松一些。这正是安全的、封闭的玩耍空间极其宝贵的原因之一。这样的空间让孩子可以自由地满足他们探索的这种健康的、本能的需要，不至于让我们感到担心，或者每隔几分钟听到孩子说"不"（他们往往有一种不服从的倾向）。婴儿要做的是动一动所有的东西，而当我们必须不停地说"别那样"和"就待在那里"时，我们便会开始感到怨恨。

此外，当我们允许孩子做我们确实不想让他们做的事情，从而安抚他们时，到最后我们自己变成了那些想要发泄的人，那可能是危险的。

难道我们希望自己的孩子长大后相信他们是烦人的、令别人不愉快的人吗？……而且，那种预言很有可能终将得到应验。

让我们强烈地适应自己内心的节奏，以便了解需要些什么，并将这种需要传递给家人，让他们也学会尊重你的需要，这确实是有帮助的。不间断地为了孩子的需要而牺牲你自己的需要，可能会在你们之间制造发自内心的愤怒。

——玛格达·格伯，《亲爱的家长：带着尊重来照管婴儿》

希望这些对你有启示作用。

温暖的祝福

珍妮特

第30章

不带愧疚感地进行管教
（一个成功的故事）

　　父母通常不愿为孩子设定界限，因为他们宁愿不去面对孩子们抗拒和负面的反应（不能想象是为什么）。孩子不高兴，我们也感觉不好，当我们要为孩子的不高兴负责时，感觉更糟糕。我们可能感到内疚，担心孩子的失望或愤怒情绪会久久萦绕在心头，或者害怕让他们觉得我们不爱他们，抑或害怕他们不再爱我们，因为我们没有让他们得到他们想要的东西。

　　再没有什么比这些不靠谱的了。

本着诚实和尊重的态度阐明界限，是培育情绪安全的最确定的方法，这将给我们的孩子带去终生的幸福与自由。

有些读者将我在婴幼儿资源中心培训班上所教的原则成功地运用到实际生活中，并给我发来了积极的反馈，每每收到这些反馈，我总是兴奋不已。在下面这封来自斯蒂芬妮的邮件中，她和我分享了她的一次经历，出色地例证了成功的、尊重的管教的三个基本组成部分。

1. 尊重的沟通。即使是对最年幼的婴儿，也要以直接的、诚实的方式来干预，而不是借助分散注意力、小花招、哄骗或者其他类型的脱节和不诚实的反应和操纵方法。

2. 较早设定界限。在我们内心的恼人情绪转变成失败或愤怒之前，我们就要注意到这种烦恼，而且要意识到，开始感到烦恼，正是我们需要设定界限的标志。由于我们知道，让负面感觉侵害到我们与孩子的关系显然是不公平的，因此我们会把这些较早设定的界限视为积极的、充满爱的。

3. 说到做到。我们要认识到，我们的口头指令和请求通常是不够的，即使孩子们完全能够理解它们。因此，要让孩子放宽心，我们会以自信的、温和的、说到做到的方式来"帮助"他们。

斯蒂芬妮的故事

我想把昨天晚上和我 2 岁女儿相处的情形写下来，告诉你。我下班回家后，正和丈夫聊着天，女儿便开始把干净衣服从洗衣篮里倾倒到地上。起初，我不打算给她设定界限，因为那确实不是一个涉及安全的问题，但随后我感到自己有些烦恼了，因此决定最好是提前采取措施，阻止她把一件件干净衣服放到不干净的地板上。

我蹲下来，和她一般高，看着她的眼睛说道："我不想你把衣服扔在地板上。我不想再洗一次。"我轻柔地从她手中拿过衣服，她试图从我手里再抢过去。我轻轻拨开她的小手，说道："我不会让你从我手里把衣服抢去了。我要把它们拿开。"她哭了起来，过了大概 10 秒钟，她便继续去玩她的了。

我相信尊重的育儿法则。为什么？当我和孩子有过类似那样的相处经历时，尊重的育儿法则背后的原因让我感到吃惊。我和孩子的沟通看起来是丝毫不费力的，而且也是真诚的，我喜欢这种方式的沟通给我家里带来的平静与安宁。过了一会儿（最精彩的地方来了），女儿走到我面前，紧紧抱住了我。然后她说了一些最让我感到暖心的话："我好高兴。我好高兴，妈妈。"而且她确实没有撒谎，她真的很高兴。

界限帮助我们的孩子感到安全与幸福。谢谢你在引导父母们用爱来设定界限方面给予的帮助。

感谢斯蒂芬妮和她的女儿允许我在这里分享她们令人鼓舞的经历！

第**31**章

尊重孩子的管教不是被动管教

　　育儿实践中最常被人误解的一个方面，也是最关键的方面便是：为孩子确立他们在感到安全时需要的界限。

　　我收到下面这封邮件时，又一次想起上面这个问题对我们所有人来说有多么令人困惑。这封邮件是一位读者在看过我写的探讨孩子打人的文章后写来的。

　　和其他许多人一样，我每天都对这个问题感到痛苦。当我知道我那就事论事的反应还算是处在正确的轨道上时，多多少少感到放心了一些。每每碰到孩子正在打我，恰好被她外祖母或者其他人看

到的时候，他们便会大声训斥孩子"别那样打你的妈妈！"要我从表面上保持平静，真的很难做到。

对我来说，要让我采用"我不让你……"的方法，仍然是个问题。我那正处在学步期的儿子比同龄的孩子身材更加壮实，而且十分有力。对像我这样身材娇小的女人来说，试图抓住他的手或脚真是件难事。甚至更难的是我采用您提到过的那种方法时："你是自己走进屋里来，还是需要我的帮忙？"

如果你试图抓着孩子时，他踢人、打闹、撕咬，而你又不能走开，接下来该怎么办？

萨拉

镇定、平和、就事论事等，是我经常在帮助孩子父母时使用的词汇，我帮助他们理解，对孩子的行为，任何强烈的反应往往都会适得其反、事与愿违。孩子需要知道，他们的父母和监护人不会由于他们微小的不当行为而扔下他们不管，因此他们可以放宽心，他们得到了很好的照顾，而我们就是他们可以依赖的最强大的引领者。

在不可能感到安全的大人眼里，两三岁的孩子出现的那些正常的、健康的挑战界限行为也会引起他们的害怕或愤怒。

因此，萨拉的评论让我感到一丝丝困惑，但后来我意识到，镇定自若和就事论事（甚至是尊重）很容易被人们误解为被动地掌控局面，而不是自信地掌控局面。这让我想起，被动管教是我见到过的最常发生的管教失败。

以下是我给萨拉回复的邮件。

萨拉：

你好！

如果孩子的外祖母大声吼道："别那样打你的妈妈！"我会赞同她的说法："是的，不要打妈妈。我不会让你那么做。"这种反应并不是出于愤怒。它应当是一种坚定的、出于确信的反应，确认我在帮助自己的孩子。你有没有觉得，自己可能将镇定自若、就事论事与被动或胆怯混为一谈了？听起来，你儿子需要你以更加确定和自信的方式来引领。

你说你儿子格外强壮有力，但你还是更强壮些，对不对？对年幼的孩子来说，如果他觉得父母无法从身体上控制他，他感到紧张甚至恐惧。

我不知道怎么用你向我提供的那些信息来给你提建议，但我觉得，你孩子的行为表明，他没有得到有帮助的、安慰他的、坚定不移的反馈。这是他需要的。

我还希望你一定要事先做好准备迎接他的过渡期，并且诚实地、尊重地和他谈一谈。

* * *

说到管教，有两种极端的方法不适合学步期儿童。其中一种是过于严格、动辄惩罚和缺乏同理心的方法。它包括运用惩戒和其他操纵手段来保持家庭的控制。在这种家庭环境和管教方法中，孩子被认为天生就是"坏孩子"，失去了控制，需要通过恐吓和羞辱等方式教他们怎样品行端正。若孩子从出生那一刻起就得到父母和其他监护人的尊重，不需要对孩子提要求，也完全可以相信他将以我们对待他的同样方式来对待我们。

另一个极端是父母不愿意和孩子冲突，不惜采用一切办法来避免与孩子争辩。这些父母希望他们处于学步期的孩子能够接受界限，因此，他们胆小地、心软地设定界限，也许还以一种动摇的声调来问孩子："你觉得这样可以吗？"

可能他们过于认同孩子的感觉了，因此他们的直觉是，为了让孩子高高兴兴，一定要费尽心思，"让孩子能接受界限"。父母的想法可能是，只要有可能，为什么不去避免情绪大爆发呢？父母的推理是：这次我想单独去趟洗手间，但我其实没必要这么做；或者对我们来说，在等待爱丽丝决定她能够自己坐到安全座椅上面去时，即使我们迟到了也不要紧。我不能强迫她。

在这里，父母们并没有意识到，学步期儿童必须通过与父母对抗的方式（不论父母想让他们做什么，他们就是不做）来表达他们正在萌生的愿望，这是他们一种健康的需要，同时也是他们释放强烈情绪感觉的需要。

这些父母可能担心，如果他们与孩子之间存在冲突的话，孩子的精神会崩溃，不再爱父母或相信父母。于是，他们哄骗孩子或者让孩子分散注意力，把注意力转移到父母希望孩子有的行为上（或者从他们不希望孩子有的行为上转移出去），而不是当一回孩子眼里的"坏人"，直接说"不"。

> 基本上，大多数父母之所以害怕管教他们的孩子，是因为他们害怕与孩子角力。他们害怕在孩子面前太强悍，害怕他们破坏了孩子自由的意愿与个性。这是一种错误的态度。
>
> ——玛格达·格伯

被动管教的父母常常在孩子需要一种确定的、诚实的干预时，给了孩子太多的选择或者模糊的响应，抑或对当时的局面进行了过度的分析。在极端的例子中，当孩子打了玩伴时，孩子的母亲会问他："那是个好的选择吗？"这种做法很难让人相信，但我知道有人肯定目睹过这种情形。

孩子每次流下的眼泪，仿佛直接滴进了敏感父母的心里。但不论这些父母对孩子有多么关爱，孩子的测试界限的行为仍将继续。它一定会继续，因为孩子还没有获得他想要的帮助。

> 被过分娇宠和溺爱的孩子是没有办法高兴起来的，因
> 为他们很少从父母那里得到直接的、就事论事的反馈……
> 当你说"不"的时候，说到就要做到。让你脸上的神情和
> 肢体上的语言都透露出"不"的意思。
>
> ——玛格达·格伯

大多数时候，这些孩子可能看起来有些茫然和不舒服。他们可能会提出大量的要求、不停地大哭，并且发牢骚，而不是健康和灵活地面对事情，即使他们的父母最和蔼、最温柔、最有爱心，也可能被他们的举动推向勃然大怒的边缘。父母们心想："我们如此有爱心、和蔼并且尊重孩子，孩子怎么还是不停地惹我发火呢？"但是，尽管父母们努力让孩子高兴，或者让孩子有一种温和的、平静的态度，孩子们就是做不到不惹怒父母。其原因还是在父母身上。

如果这种被动的方法继续下去，这些孩子可能会变成不愉快的根源，不但他们的父母不愉快，他们的玩伴、教师、家人和朋友都会因为他们而不愉快。

> 在管教孩子时要努力实现的主动目标是不仅好好地养
> 育我们爱的孩子，还要培育良好的品行，使他身边的人都
> 爱他。
>
> ——玛格达·格伯

猜到了我最常用这两种管教方法中的哪一种来帮助父母了吧？

那可能是由于类似于婴幼儿资源中心的"跟着孩子来"的理念，也许让父母对他们的角色感到困惑。我们鼓励父母尊重他们的婴儿、信任他们的孩子，以根据孩子天生的时间表来自然而然地培育技能，并且引领孩子玩耍。

我们作为孩子发育过程中这些方面的助推者而不是老师，要学会观察。我们要练习冷眼旁观。但这一定不能与被动的管教相混淆。相反，这是专注。

第32章

实践中的温和管教

"转移注意力和改变方向愚弄不了他。隔离和奖励也激发不了他。"

这是一个聪明的、生机勃勃的学步期儿童的故事，他的父母格外爱他，但感觉他们的家庭"失去了控制"。他们真正需要的是一些简单的工具，帮助其理解怎样以一个完整的人的身份与儿子交流，并且以尊重的方式设定界限。

以下这些做法改变了他们整个家庭。

1. 尊重的、坦诚的、第一人称的交流。

2. 承认孩子的愿望与感觉。

3. 简单而准确地发出指令。

4. 运用自信的、就事论事的、不犹豫的声调。

5. 温和地说到做到。例如，在孩子打人的时候抓住孩子的双手（或双脚）说："我不会让你打人的。"如果没有说到做到，孩子就不会再把我们的指令当回事了。

6. 限制看电视、玩电脑、玩手机的时间，并且限制玩过于刺激的玩具。

7. 相信孩子主动参与制订解决方案的能力。

以下是我从克莉丝汀那里收到的一封信，这是一封非常具体的、直观的、完整的感谢信。

珍妮特：

你好！

10天前，我偶然看到了你的博客文章，它显著地、真正地改变了我的生活。我脸书上的一位好友分享了你写的《你家的学步期儿童如何看待管教》（*What Your Toddler Thinks of Discipline*），我马上被文章深深吸引。我花了两天时间来读你的文章——不论什么时候，只要有条件我便读。我觉得，要是我早在2010年看到这篇文章该有多好！

我儿子尼基今年两岁零九个月。他的整个人生好比一朵比别人晚开的花。他做所有事情都很正常，只是往往比其他孩子晚了30%

左右。我们带他去瞧医生、看专家，结果发现一切都很健康。他只是在按照他自己的时间表来运行。

他总是有着强烈的情绪和暴躁的脾气，这是从我身上遗传的。由于他说话的能力没有按普通孩子那样发育，他便开始想尽各种办法表露出自己的失败，因为我们经常误会他，或者我很对不起他，甚至还忽略了他。这形成了一个恶性循环。他内心积累的、没有得到我们承认的失败情绪越来越多，他的行为就会越来越恶劣。他的行为越恶劣，我也会越来越频繁地惩罚他，而且他的父亲也变得越来越悲观。

两星期前，丈夫和我在餐桌旁说起这些，不禁哭了起来，我们对现在这个家的样子不满意，感到这个家已经失控了。

我努力寻求帮助，但似乎什么也帮不了我。

转移注意力和改变方向愚弄不了他。隔离和奖励也激发不了他。我发现，针对我儿子这个年纪的孩子的大多数建议，尽管语言技巧非常出色，但就是用不上。我找到的用来应对语言能力推迟的所有建议都是针对特殊要求的孩子而写的。能够找到你的博客和婴幼儿资源中心，真让我们松了口气。

最后，我终于把一种与完整的人交流的方法运用到我和我那正在学说话的孩子身上了。

在读你的博客文章时，我意识到的第一件事是，我曾经使用的语言儿子听起来一定觉得十分困惑。我把所有事情都当成一个问题来提出，并且用第三人称交谈。我会说一些这样的话："不能打人的，对不对？"或者"妈妈说过，跳到椅子上的时间已经结束了啦。"当我简单地告诉他，"我不会让你做那件事"，或者"我现在就把它拿走"的时候，我儿子却极其配合，这真的让我大感吃惊。

我发现，这些都只是一项小小改变的结果。我开始承认他的愿望，和他以第一人称交谈。我开始说出他正在感受的那些负性情绪。当他试图打人、踢人、丢东西、推小孩时，我开始尝试着抓住他的手或脚，轻柔地告诉他："我不会让你那样做的。"当他撕心裂肺地哭泣和尖叫时，我开始试着默默地和他坐在一起，始终陪在他身边，让他的愤怒情绪有地方可以发泄。我找遍了整个房子，从别人最近送给他的那些玩具上卸下了 24 节电池（让孩子拿这些电池撒气）。我一直以来习惯让他看电视，但这次我不再把 iPad 递给他玩。

只过了 10 天，到今天为止，我感觉我和丈夫在餐桌旁哭泣的情形好像已经过去很久了。我儿子不那么容易生气了，而且更加配合。他比从前幸福些了，对他身边的人和事也接触得更多。他甚至说话也多了些，如今，当他理解了某些事情时，他对我说，"懂了"；当他感到烦恼时，他对我说，"伤心"。

我丈夫每每回到家里，总觉得这个家更幸福了。他让我告诉他，我都学到了些什么。他不再害怕儿子的情绪大崩溃，也学会了给儿子设定界限，同时确认儿子的感觉。

我觉得你的方法对我们管用的那一刻发生在一个星期五的晚

上。当时，我正使用我的手提电脑，但尼基想坐到我的大腿上来。和平常一样，他开始踢我的电脑。我运用学到的方法，在他还没有踢到之前先抓住他的脚。我告诉他："你想踢开我的笔记本电脑，但我不会让你这么做。我知道你现在很生气，你想坐到我的腿上来，但我不让你坐。"

他试着踢了几回，都被我抓住了，然后他缩回了自己的脚，再缓慢地伸长，接着让脚停留在笔记本的上方，对我说："飞机。"他不再踢电脑了，而是把脚来来回回地挥舞着，继续对我说："飞机，飞机。"我笑着对他说，这是他的飞机在我的电脑上方飞翔。我几乎不敢相信这个场面到最后竟然如此平和。

从那以后，每当碰到我不允许他碰的东西，他都会使用这种方法，在附近挥舞着他的手和脚，当成"飞机"来来回回地"飞"。对他的这种创造性解决问题的方式，我更加感到自豪。

珍妮特，你的文章极大地改变了我的生活。它使我的家庭回归正常。我们现在非常喜欢我们的儿子，而不是一到晚上就想着他该什么时间上床睡觉。我知道，在育儿的道路上，还有许多的工作要做但我对这件事情感到兴奋不已，觉得充满希望。

克莉丝汀

科学教养

硅谷超级家长课
教出硅谷三女杰的 TRICK 教养法
978-7-111-66562-5

自驱型成长
如何科学有效地培养孩子的自律
978-7-111-63688-5

父母的语言
3000 万词汇塑造更强大的学习型大脑
978-7-111-57154-4

有条理的孩子更成功
如何让孩子学会整理物品、管理
时间和制订计划
978-7-111-65707-1

聪明却混乱的孩子
利用"执行技能训练"提升孩子
学习力和专注力
978-7-111-66339-3

欢迎来到青春期
9~18 岁孩子正向教养指南
978-7-111-68159-5

学会自我接纳
帮孩子超越自卑，走向自信
978-7-111-65908-2

叛逆不是孩子的错
不打、不骂、不动气的温暖教养术
（原书第 2 版）
978-7-111-57562-7

养育有安全感的孩子
978-7-111-65801-6

超 越 原 生 家 庭

超越原生家庭（原书第4版）

作者：（美）罗纳德·理查森 ISBN：978-7-111-58733-0

一切都是童年的错吗？
全面深入解析原生家庭的心理学经典，全美热销几十万册，已更新至第4版！

不成熟的父母

作者：（美）琳赛·吉布森 ISBN：978-7-111-56382-2

有些父母是生理上的父母，心理上的孩子。
如何理解不成熟的父母有何负面影响，以及你该如何从中解脱出来。

这不是你的错：海灵格家庭创伤疗愈之道

作者：（美）马克·沃林恩 ISBN：978-7-111-53282-8

海灵格知名弟子，家庭代际创伤领域的先驱马克·沃林恩力作。
海灵格家庭创伤疗愈之道，自我疗愈指南。荣获2016年美国"鹦鹉螺图书奖"！

母爱的羁绊

作者：（美）麦克布莱德 ISBN：978-7-111-513100

爱来自父母，令人悲哀的是，伤害也往往来自父母，
而这爱与伤害，总会被孩子继承下来。

拥抱你的内在小孩：亲密关系疗愈之道

作者：（美）罗西·马奇-史密斯 ISBN：978-7-111-42225-9

如果你有内在的平和，那么无论发生什么，你都会安然。